我自盛开

从职场进阶到人生蓬勃

曹宇红◎著

I AM
BLOOMING

FROM CAREER PROGRESSION
TO FLOURISHING LIFE

本书从五个章节展开，探寻女性在职场中的优势、不足、多元化职场生态、灵活性发展路径，以及心智成长之路。外在的"职场曲线"源自内在的"心智曲线"。不论你是奋斗中的职业经理人、思考着重返职场的全职妈妈，还是创意连连的超级个体、披荆斩棘的创业者，当你翻开这本书时，都能从数十个鲜活的女性职场案例中获得"职业进阶"的感悟，激发出"蓬勃人生"的灵感，从而活出更美好的自己。

图书在版编目（CIP）数据

我自盛开：从职场进阶到人生蓬勃 / 曹宇红著 . —北京：机械工业出版社，2023.3
ISBN 978-7-111-72721-7

Ⅰ.①我… Ⅱ.①曹… Ⅲ.①职业选择 – 通俗读物 Ⅳ.① C913.2-49

中国国家版本馆CIP数据核字（2023）第036884号

机械工业出版社（北京市百万庄大街22号 邮政编码100037）
策划编辑：刘怡丹　　　　　　责任编辑：刘怡丹
责任校对：张亚楠　王　延　　责任印制：李　昂
北京联兴盛业印刷股份有限公司印刷

2023年4月第1版第1次印刷
145mm×210mm・7.875印张・3插页・181千字
标准书号：ISBN 978-7-111-72721-7
定价：69.80元

电话服务　　　　　　　　　　网络服务
客服电话：010-88361066　　　机　工　官　网：www.cmpbook.com
　　　　　010-88379833　　　机　工　官　博：weibo.com/cmp1952
　　　　　010-68326294　　　金　书　网：www.golden-book.com
封底无防伪标均为盗版　　　　机工教育服务网：www.cmpedu.com

推荐序一　莲花次第开放

认识宇红近二十年，我有幸见证了一个女子不断精进、绽放自我的过程。

2005年，因为承担《缘聚朗润园》一书的编辑工作，我认识了当时在北京大学读国际MBA的宇红。她是班长，为了在毕业之际给同学们留下更多美好的回忆，她和同学章阳带头组稿、写稿，最终克服种种困难完成了该书的印刷工作。就是在这件事的实施过程中，我看到了宇红超强的组织领导能力，也看到了那时的她好似女侠，热情干练。她放弃了待遇优厚的外企工作，带着西点军校的管理风格、意气风发地奔向了自主创业。此后很长一段时间，我们并无联系，但她锐意进取的姿态一直留在我的印象里。

2016年到2020年，我在曹雪芹文化中心组织了每周一次的"品红课"——以"红楼梦精雅生活"为主题按章回解读《红楼梦》文本，每次都邀请一位红学家和一位生活家共同主讲。其中，生活家是指在"琴棋书画裳、诗酒茶花香、美食、雅居"等专业领域有造诣的老师，可以带领听众体验《红楼梦》中的生活内容。在考虑邀请服饰搭配方面的讲师时，我突然想到了当年创办了"风采网"的宇红，记得她的创业目标就是帮助人们通过服装礼仪来提升个人形象气质。就这样，我们再续前缘，我才又看到了事业和生活都已转向的宇红。她积极参与"品红课"，不仅为我推荐了资深的礼仪专家，还带来了她的新事业——心理资本。在之后的"品红课"上,她从心理学视角对《红楼梦》中的女子做了别开生面的深度分析,让红迷们耳目一新。

自此,宇红也日渐一日地浸润到了中国传统文化之中,她品茶、焚香、禅修、抚琴,变得柔软而又坚韧,她的心理学实践也因此中西合璧,触类旁通,兼收并蓄,更加生机蔚然起来。

2020年年初,疫情阴霾下的一天清晨,宇红来电邀请我参加她组织的十人"蓬勃人生"私享会,我毫不犹豫地答应了,因为这是与宇红和她的好友们深入联结、共同成长的良机。在疫情三年中,我们有八次聚会,大家在一起分享近期的所得与困惑,宇红全程主持并点评,并将要点细细记录下来,为大家留下了宝贵的心灵印迹。虽然疫情之下,每个人的生活都受到了影响,但"蓬勃人生"这个小小的精神空间却稳定而温暖,给予了每一位参与者内在的能量支撑,缓解了种种不安和焦虑。一开始,大家还有些放不开,而现在,成员之间虽然见面不多,但心理联结的强度却超过了很多日日见面的人。我想这是宇红强大的心理资本所成就的。

我深深相信,每一个人来到这个世界上都是偶然的,都有一个质地独特的灵魂。所谓觉知,就是经过人生的种种体验和磨炼,寻找到自己那个与生俱来的灵魂,那个被世俗遮蔽的真我。《红楼梦》讲的就是一块石头如何下凡历劫回归真我的故事,所以又叫《石头记》。这块被女娲不小心遗忘的石头,因为"无才补天"的遗憾而幻形入世,落入红尘,历尽爱情亲情的离合悲欢,看透了抄家败亡时的炎凉世态,终于摆脱"声色货利"的沾染,挣脱"喜怒忧思悲恐惊"的束缚,因情悟道,回归到大荒山无稽崖下萧然坦卧,不再有嗟悼之恨，到达了"天不拘兮地不羁，心头无喜亦无悲"的自由之境。

其实，我们每个人都是一块偶然到人世间历劫的石头。虽有灵性，一出生却陷入社会既定的种种规范中，忘却了本真。如果我们能时时记起自己作为"通灵宝玉"的本来身份，就能跳脱尘世中五色迷人的种种执着，获得清晰的人生全景，就可以更好地审视自我、修炼自我、完善自我，从而获得自由自在圆满的生命体验。

《我自盛开：从职场进阶到人生蓬勃》这本书，提供了石头般的旁观视角，这是宇红在经过一番人世历练之后对社会的奉献。她以无限的热情把自我生命体验注入心理学和管理学实践之中，为今天的女性指出了认知自我、成就自我的法门。虽然此书面向女性成长，但其中所涉及的"自我觉知"方法对男女都通用无碍。女性的五大优势男性并非不值得拥有，女性的三大软肋又何尝不来自于人性共同的弱点？至于心理资本、社会资本、人力资本和金融资本的积累更是人人必修的课程。

"世事洞明皆学问，人情练达即文章。"宇红心中的莲花已次第开放，而她的种种修炼也都一一呈现在书中，希望每个读者都能如她一样盛开。

位灵芝
北京曹雪芹学会秘书长
《曹雪芹研究》副主编

推荐序二　故事的力量

宇红是一个高产的作者,也是一位行动力极强的女性。当你看完这本书,就能从她生动而勇敢的自我绽放故事中得出这样的结论。我和宇红相识于一个读书会,当她得知我九年前创办了蒲公英女性领导力研究院,并一直在从事女性领导力的研究和培训时,立即邀约与我访谈,也促成了我与这本书的结缘。这也是宇红第二次邀请我为她的书写推荐序。

这是一本写给女性的书,打动我的不是书中教给女性的那些武器,而是每个篇章中的"她故事",就像亚里士多德所说:"比智力更能影响和打动人心的是情感的力量。"故事让这本书的可读性很强,也为理性的职场带去了温度,展现出女性的内在成长和外在超越。书中介绍电影《美丽心灵》的男主角——数学天才约翰·纳什精神分裂,妻子艾西莉亚只是说:"这就是生活,会发生各种可能,但我们还是要为它赋予意义。"时代跨越,星月斗转,女性的坚韧和勇敢永远都是浩瀚无垠的历史长河中的那束光。

社会对于女性有很多种解读,在对女性领导力的描述中,包容、坚韧、同理心、温暖等是高频词,同时也有情绪化、任性、随意、回避风险、缺乏战略等词语在提醒着女性的不足。真的是这样吗?美国的两位领导力大师詹姆斯·库泽斯和巴里·波斯纳进行过一项持续多年的调研,他们问受访者一个问题:"你希望你的领导具有什么样的品质？"具有"真诚、激情、能力和前瞻性"等品质多年来都高居榜首。对女性领导力多年的研究告诉我们，领导力本身不存在显著的性别差异，差异来源于追随者对身处领导位置的性别差异性期望。在这本书里我们感受到宇红的真诚勇敢，也能看到其他女性的激情，以及她们在人生经历中的不折不挠和闪闪发光的成长。《我自盛开：从职场进阶到人生蓬勃》这个书名本身释放出一种向阳的信念和一份独立的态度，那就是无论外界怎样，只要我们专注于向内探索，都能活出喜乐安在和自信坚定的自我。三年疫情改变了每个人的时光，社会需要恢复，人心需要治愈，书中女性在艰难时刻的故事，无论是优雅转身，还是勇敢抽离，都带给大家力量，让大家坚信没有一个冬天不会过去，没有一个春天不会到来。

希望这本书能够带给女性一束阳光、一份力量和一段放松，让女性拥有更高的自我价值感、更多的选择和更强的心力。辞暮尔尔，烟火年年，愿我们以欢喜与无畏绽放自我，迎接未来的人生。

甘　斌
蒲公英女性领导力研究院创始人

推荐序三　种子与阳光

2022 年年末疫情横扫北京城，我也不幸被击中，在阳转阴的第二天收到宇红的书稿《我自盛开：从职场进阶到人生蓬勃》，一下子被书中令人陶醉的观点和一个又一个活生生的案例吸引住了。对于正从病中恢复的我来说，看完这本书好似走入了一个有风的地方！

这是一本讲述女性职场话题的书。作为一个具有 30 年国内外学习和工作经验的女性，我对于女性职场这个话题并不陌生，因为书中讲的一部分内容是我个人经历过的，还有一部分内容是我在人才咨询项目中观察到的。凭借我 20 多年的咨询经验来看，即便有些客户着重要求在应聘条件相等的情况下女性优先，但最终成功招聘到的女性数量也只是预期的一半。

试想，一位优秀的女性从学校尖子生成为职场精英，得经历多少轮职业发展的晋升与淘汰。对于女性高管来说，随着职场阅历的增加，她们会逐渐从"个体贡献者"转变为"团队领导者"；人到中年，她们又要面对诸多职场与家庭平衡的艰难抉择。能够披荆斩棘走出这条道路的女性高管是多么难能可贵，她们是职场女性中的凤毛麟角，是逆风飞扬、我自盛开的典范！

《我自盛开：从职场进阶到人生蓬勃》一书以鲜活大胆的笔触描写了女性的五大优势，也毫无遮拦地详述了女性的三大软肋。这洋洋洒洒、自如诚实的写作风格，很像我认识了 20 多年的宇红。

她既是我曾经的小同事，又是一同创业的伙伴，更是我生命中留存至今的好友。对于书中描绘的五色职场中的女性：蓝色的职业经理人、粉色的斜杠青年、绿色的自由职业者、橙色的合伙人和红色的创业者，我都致以崇高的敬意，这是作者在一个又一个女性职场人士咨询项目中亲身观察和感受到的。然而，我保留不同看法的是作者接下来对职场女性的灵魂拷问：你拥有足够的心理资本、社会资本、人力资本和金融资本吗？如果有，有几多？把这些问题全部推给职场女性，仿佛让她们做的事情太多了，要求也太高了！

在此我想分享一下我的思考：在女性职业的发展中，难道企业没有责任吗？难道她们的老板没有责任吗？难道企业的人才政策和与企业相关的文化没有责任吗？

对于全球性企业来说，女性及女性高管的参与已经成为企业"多样化、公平性和包容性"议程中最重要的因素。多样化、公平性与包容性不是一句简单的政治口号，而是能为企业带来真正价值的、促进企业可持续发展的必要措施。罗盛咨询对世界资产管理规模最大的25名私募股权基金的调查结果显示，在其领导团队中仅有12%为女性。同时，《哈佛商业评论》发现，在并购和IPO项目投资中，拥有多样化教育背景的合伙人团队投资的项目比教育背景雷同的合伙人团队投资的项目成功率高出11.5%。在全球性日益变化和竞争激烈的环境里，引入多元化观点无论对投资人的投资决定还是价值创造来说都是十分重要的，而女性的加入正是这种多样化的集中表现。

目前，随着疫情、自然灾害等因素的不断加剧，世界经济的不确定性日益增加，这无疑给企业在人才管理和人才流动方面制造了更大的压力。那么，这种压力对于职场女性又有哪些影响呢？

据《哈佛商业评论》报道，疫情三年以来，世界范围内有 5400 万名女性离开了原来的工作岗位。罗盛咨询的调查研究发现，就女性高管而言，过度的劳累和筋疲力尽是她们离开所在企业的首要原因。与之相关的是，当女性离开了所在企业而去寻找其他机会时，她们更注重的是寻找一个别样的领导人，一个更加珍视自己价值的领导人。而男性高管在寻找其他机会时，通常是想寻找有更高的薪酬和更好的职业晋升空间的岗位。

那么，企业该如何留住女性高管，并使其在多样化人才方面的投资得到更多的回报呢？罗盛咨询通过市场调研总结出了 8 个有效的途径：

－企业的高层领导人要成为包容的领导，并认识到不同性别的高管之间是有文化差别的；

－高层领导人要成为企业开放与多元文化价值观的代言人；

－企业要用白纸黑字写出企业"反对性别歧视"的政策并让员工亲身感受到；

－高层领导团队组成本身要反映出多样化的比例；

－企业员工要拥有正式的途径来表达对公司多样化、公平性和包容性管理的担忧；

－企业要提供灵活的途径使诉求不同的员工具有不同的发展路径；

－组织内部的福利要以公平的方式提供给所有的员工；

－企业要为少数群体（如女性经理人）提供正式的职业发展项目。

"我自盛开"固然需要个体的内部力量努力生长，同时，也不能缺少外部力量的滋养和支撑。犹如一颗橡树的种子，在成长的历程中，既要有种子的力量，也需要阳光和雨露的照拂。

程　原
罗盛咨询合伙人、大中华区董事总经理

推荐序四　自我更新与焕然一新

很荣幸为曹宇红老师的新作写推荐序。当我拿到书稿的时候，内心既有对宇红的无限钦佩，也有对自己能否读下来的小小忐忑。结果，我几乎是一口气读完了整本书。

在北京大学国家发展研究院 BiMBA 商学院，我陪伴着一批又一批 MBA 学生成长和发展。近十年来，女性学员数量持续攀升，职场中进入大企业的决策层或担当一把手的高层管理者不断涌现，女性创业者也越来越多。我曾经代表中国应邀加入全球 20 所顶尖商学院的招生顾问委员会，因此有机会看到了女性成长与培养发展的群像，同时发现全球的趋势是相同的。其中，最有感触的一点就是：女性职场精英在低头拉车的同时，特别重视抬头看路，她们擅于看清楚大的趋势和方向，并将自己的事业与职业发展与之结合在一起。

《我自盛开：从职场进阶到人生蓬勃》一书首先从对经济发展趋势的分析中为职场女性展示了未来的诸多机遇，女性的哪些"比较优势"能够得以发挥，如何超越自身的几个"普遍性局限"。这是一个面向未来的和整体性的视野，读者再结合个人的特点和偏好，就能够为自己做出正确的职业定位，这就相当于锚定了发展方向。方向对了，努力才能转化成预期的成果；方向清晰了，自身努力的动力和坚持的韧性自然得以提升，职场幸福感也将随之而来。这恰恰是作者写作的初衷——为大家赋能。从全球来看,未来十年中国的经济仍然会保持活力,人均GDP将会翻倍,中国职场女性的"白金时代"必将到来,职场女性参与创造历史也将从中受益。

站在今天看未来,我们更为关注:未来会有更多的好机会吗?这些机会在哪里?如何把握?被情绪奴役还是成为它的主人?内心如何拥有平静与幸福感?我们这么努力终究在追求什么?这些都是我们要面对、解答、顿悟和最终放下的话题。这本书让我们看到了这些话题、展示了多元的视角、分享了部分答案,进而启发我们去解锁自己的困惑。

人生中的不同角色与经历也许是帮助我们探索和超越自我的素材,而读书则是一种可以超越"小我"有限经验的方式,让我们看到更多、学到更多。《我自盛开:从职场进阶到人生蓬勃》为我们带来了一个整体的视野、面向未来的思维方式、丰富的案例分享,以及经过提炼总结出来的核心观点和硬核建议。您可以跟随作者的框架来读,也可以从您最感兴趣的话题切入进去,在这其中您不仅能够完成认知上的升级,心田也将得到滋润——这或许是宇红独有的用"心"。

一年之计在于春,新一年的职业规划很重要。通过阅读宇红的新作,我相信您能够把握大势和认知自我,静下心来为自己系统地做一次梳理、总结与规划。一旦方向明确了之后就请把心安住,扎扎实实地去行动。半年、一年之后回看今天,进步和满足将作为礼物呈现给您。祝愿大家的"自我更新"和"焕然一新"从《我自盛开：从职场进阶到人生蓬勃》一书开始，期待未来有机会与宇红一起同大家面对面交流，一起拥抱智慧与富足的人生。

王　欣

北京大学国家发展研究院 BiMBA 商学院助理院长

前　言

近几年，中国女性在职场中的崛起令人振奋。

女性创业者蓬勃兴起。据"2021胡润全球白手起家女富豪榜"显示，在全球前130位女企业家中（每人身家超过10亿美元），中国有85人，美国有25人，英国有6人。在这个财富榜上，中国女企业家占据了2/3的比例，遥遥领先其他国家。在"女性创业率"统计中，美国为15.8%，中国为10.4%，中国女性的创业率居全球第二。

女性在数字经济中获得红利。阿里研究院与中国就业形态研究中心课题组联合发布的2022年《数字经济与中国妇女就业创业研究报告》显示，在数字贸易、电商、直播等领域，数字经济已经创造了5700万个女性就业机会。而在互联网中催生的新兴职业里，如旅游规划师、汉服搭配师、睡眠顾问、情感主播、机器人训练师……女性从业者的比例也已经超过了50%。

女性在社会转型中更具优势。2019年，中国人均GDP超过1万美元，这意味着中国经济将从"制造业驱动"转入"服务业驱动"的经济模式。制造业需要体力、专注力，服务业需要同理心、协调力和沟通能力，而这恰恰是女性所擅长的。

有人预测，进入人工智能时代，像司机、律师、会计、金融交易员等以男性为主的技能型人才可能大多会被AI取代。而新的职业形态需要更多的感知力、创造力和人文关怀,比如,艺术家、发明家、设计师、护理员、咨询师等,这恰恰也是女性较为擅长的。

女性的自我意识越来越清晰。2020年被称为"中国女性觉醒元年",面对职场性侵、PUA、家庭暴力、离婚时的财产分配不公等现象,女性勇敢地挺身而出,为自己发声。

然而,一半是海水,一半是火焰。当女性崛起的大潮慢慢涌现时,她们在职场中的困扰和焦灼也不容忽视。

经济因素挤压职场空间。女性在招聘中面临的经典三问:"未来两年是否考虑结婚?""未来1~3年会生孩子吗?""未来几年是否考虑二胎?"表面上看是一种性别歧视,但其实是企业对人力成本的一种现实考量。因此,女性在职场招聘和晋升中会面临诸多挑战。

行业衰落冲击女性就业。近三年来,疫情导致的失业人群中女性的占比更高,为何?点对点的线上业务蓬勃兴起,面对面的线下业务受到重创,大量减员,尤其是餐饮、旅游、酒店、休闲和零售等行业,而这些行业中有大量的女性员工。

越来越多的女性离开了职场。中国女性的"劳动参与率"(15岁以上参与劳动的女性占女性总人口的百分比),近些年呈下降趋势,从1990年的74%下降到2010年的64%、2020年的59.8%,位列全球第55位。与之相比,日本、德国、加拿大等国家的女性劳动参与率却逐年上升。为何如此？越来越多的女性接受高等教育、人才市场的竞争加剧、生育政策的变化、抚育子女、照顾老人等因素，让女性越来越晚地进入职场，或更早地离开职场。乐施会（Oxfam）的报告显示，目前，女性承担了 3/4 的家庭照顾工作，因而她们不得不减少有偿工作的时间，或退出工作岗位。因此这些年来，女性灵活就业的比例越来越高，一方面，这是中国互联网蓬勃发展带来的机遇；另一方面，这也是女性在无奈中的应对方式吧。

为何写本书？

"女性崛起"正当时。社会发展从"制造业驱动"转入"服务业驱动"的经济模式，人工智能、大数据将减少许多流程化、规范化的岗位，未来的业态会更加需要人的同理心和灵活性。同时，大量的互联网平台为女性的"微创业""创新服务"提供了有力的支撑。然而，女性也需要更系统地自我觉察、自我突破，才能实现"职场进阶"和"人生蓬勃"。

我希望通过大量鲜活的职场案例来展现女性的"内在成长"和"外在超越"：女性有哪些天然优势、有哪些思维局限；女性面对困境是如何应对的；女性有哪些多元化的职业选择；女性是如何积累"四大资本"从而实现幸福和成功的。假如，你在读完此书后有以下三种中的任何一种改变，我都将喜不自禁——

其一，拥有更高的自我价值感。

其二，拥有更多的选择。

其三，拥有更强的心力。

这本书有什么特色？

一幅女性长卷。你从案例中既能看到驰骋现代职场的女性精英，也能穿越到另一个时代中，与某位"奇女子"惺惺相惜一把。

一株杂交水稻。书中呈现的观点、技能来自于管理学和心理学两大领域，既有理性的逻辑分析，也有温暖而细腻的感悟。

一次自我暴露。犹如绘画中的"深远"和"平远"，我有时会在一旁理性分析、归纳要点，有时也会跳入某个情境，晒出自己的酸甜苦辣，近距离与你相遇。

这本书包括哪些内容？

本书将从五个章节展开，探寻女性在职场中的优势、不足，如何提升自己的"四大资本"，探寻多元化的职场生态。既然女性的大脑优势之一是直觉力，那么我索性把全书的精华浓缩为一句顺口溜：5片"花瓣"3根"刺"、5个"花园"4种"料"——5354，我自盛开！

女性的五大优势（5片"花瓣"）；
女性的三大软肋（3根"刺"）；
五色职场，诸多美好（5个"花园"）；
四大资本，助你进阶（4种"料"）。

每一章中的"小青柑"，是我提炼出来的一些实用技巧，希望为你的成长之路添加一些甜美而健康的"维C"。

每一章结尾处的"章回首",是本章的核心内容,既帮你温故而知新,也助你自我反思:哪些是我具备的,哪些是我要添加的。

外在的"职场曲线"源自内在的"心智曲线"。不论你是奋斗中的职场经理人、思考着重返职场的全职妈妈,还是创意连连的超级个体、披荆斩棘的创业者,我希望当你翻开这本书时,都能从数十个鲜活的女性职场案例中获得"职业进阶"的感悟,激发出"蓬勃人生"的灵感,从而活出更美好的自己。

目 录

推荐序一　莲花次第开放
推荐序二　故事的力量
推荐序三　种子与阳光
推荐序四　自我更新与焕然一新
前言

第一章　女性的五大优势

女性第一大优势：创造力
1. 女性脑的"三大优势" /003
2. 你的"同理心"几分暖 /005
3. 你的"美商"几分靓 /008
4. 你的"创新花园"几分春色 /014

女性第二大优势：联结力
1. 联结自我：内在和谐 /021
2. 联结他人：人际和睦 /025
3. 联结世界：美好绽放 /032

女性第三大优势：坚韧力
1. 命中的"磨刀石" /039
2. 坚韧力来自有意义 /041
3. 坚韧力源于有意思 /042
4. 坚韧力需要一次次成长 /044

女性第四大优势：勇气
1. 勇气是"为自己"负责任 /048
2. 勇气来自责任感 /050
3. 勇气来自内心的爱 /053
4. 勇气来自"觉醒体验" /055

女性第五大优势：爱	1 爱的第一种语言：欣赏 /059
	2 爱的第二种语言：接纳和允许 /061
	3 爱的第三种语言：感恩 /063

第二章　女性的三大软肋

女性第一大软肋：自我设限	1 我不行，总是看到"自己的不足" /071
	2 还不行，过于纠结"完美的决策" /073
	3 不愿意，被规条和期待"所限" /075
	4 成长三阶段，"自我设限"各不同 /077

女性第二大软肋：没有界限	1 常当"滥好人" /082
	2 总想掌控一切 /083
	3 为了别人而活 /084
	4 这是"谁的课题" /085

女性第三大软肋：应该思维	1 对他人的应该思维 /089
	2 对世界的应该思维 /091
	3 对自己的应该思维 /093
	4 驾驭心中的大象 /096
	5 放下尖利的"粉笔头" /099

第三章　五色职场，诸多美好

五色职场 1蓝色：职业经理人	1 修筑"护城墙" /113
	2 如何"不卷" /116
	3 如何"转型" /121

五色职场 2	1	为何"斜杠" /125
粉色：斜杠青年	2	如何"斜杠" /127
	3	斜杠中年的蓬勃之道 /131

五色职场 3	1	"我公司" CEO /135
绿色：自由职业者	2	"自由"与"自律" /137
	3	如何成为"超级个体" /139

五色职场 4	1	凸显你的"比较优势" /144
橙色：合伙人	2	如何能够"空降成功" /147
	3	如何能够"不断成事" /149

五色职场 5	1	机会型创业 VS 生存型创业 /153
红色：创业者	2	盘点创业者的"四大资本" /157
	3	你具备"创业者精神"吗 /160

第四章　四大资本，助你进阶

| 心理资本： | 1 | 天生气质，你和哪个妹妹比较像 /173 |
| 你有几多能量 | 2 | 四大要素，值此一生慢慢修炼 /179 |

社会资本：	1	让你闪光的，是你的"向前一步" /189
你有几层支撑	2	让你心安的，是你的"支持系统" /193
	3	让你人生蓬勃的，是三张"人际网络" /195

人力资本:
你有多少实力

1 动机,你的发动机是什么 /198
2 价值观,你的灯塔在何方 /199
3 知识和技能,在成事中磨炼 /202

金融资本:
你有几分底气

1 转变思维:我的责任,我有能力 /206
2 勤于实践:没有"靠山"的那一天 /207
3 用心规划:少而精,创造最大附加值 /208

第五章 "女生""女侠"和"女神",你在哪一境界

1 三重境界,三种色彩 /215
2 一段情缘,三种人生 /216
3 爱自己,放得下 /219

推荐书目

致谢

第一章
女性的五大优势

女性第一大优势：创造力　　002
女性第二大优势：联结力　　019
女性第三大优势：坚韧力　　036
女性第四大优势：勇气　　　046
女性第五大优势：爱　　　　058

女性

第一大优势：

创造力

相比于男性的大脑，女性脑天生具有"三大优势"。不同于男性，女性在创新时不仅有温暖的同理心、精巧的"美因子"，她们更善于激发团队伙伴的创新力，打造出一个生机盎然的"创新花园"。

1 女性脑的"三大优势"

丹尼尔·亚蒙被称为"美国大脑健康之父"。他在《女性脑》一书中提到，在人类进化的过程中，女性面临着特殊的处境：其一，她们要养儿育女、采摘果实；其二，她们的身体没有男性强悍，在荒蛮之地更容易受到伤害。于是，女性的大脑发育出了有别于男性的独特之处：

第一，在与智力相关的脑区中，女性脑的白质是男性的10倍。脑白质能将不同的脑区联系起来，调动更广泛的信息。因此，女性的直觉力和同理心远远高于男性。不论是林间的风吹草动，宝宝的轻声哼哼，还是外来者们的一个表情、几个不经意的小动作，女性马上能判断出是怎样的含义，有怎样的危险，该如何行动。

第二，女性的额叶皮层和边缘系统比男性的更大。要知道，额叶与语言、判断、计划、责任感等高层次的认知功能有关。因此，女性更擅长表达，能够更快地做出判断，不论是伶牙俐齿，还是机变应对，女性都胜出男性一筹。而边缘系统是大脑的"情绪系统"，因而，女性普遍情感丰富、心思敏感。不论是在亲密关系中"为爱而生"，或是感受大自然的美好、创造生活和事业中的各种美好，女性似乎都浑然天成。当然了，女性也因此而容易情绪化，并在情绪汹涌时顺着"快车道"一路狂奔下去，此时产生的灾难化思维、非黑即白论、歇斯底里的哭诉，都是常见现象。

第三，女性的杏仁核比男性的小，而杏仁核是大脑中加工恐惧和愤怒的脑区。因此，你大概明白了，为何在遇到危机时，男性更容易惊恐；在遇到不同意见和冲突时，男性管理者更容易勃然大怒，而女性管理者则比较淡定，更愿意花时间去探寻和共创。

自然地，女性大脑的这些特色形成了以下独特的创新优势：
其一，具有高度的直觉力和同理心。
其二，具有敏锐而细腻的"美商"。
其三，善于激发团队的协作和创新。

2 你的"同理心"几分暖

2021年有一部电视剧《人世间》引起了很多人的共鸣,据看过的朋友说,几乎每一集都能让人潸然泪下。我只听过广播剧,没有看过电视剧,但也时不时鼻头酸涩、眼中含泪,感动于人们在艰苦环境中依然有那样丝丝的温暖和细碎的幸福。当我们与他人感同身受时,大脑中的镜像神经元会被激活,进而产生丰富而深切的共情。《神经科学》杂志的一项研究报告指出,与男性相比,女性镜像神经系统中的灰质显然更多,所以女性拥有更高的共情力。

这个研究与丹尼尔·亚蒙的结论有类似之处。假如说,男性的大脑如"激光",聚焦于某一点;那么,女性的大脑就像"雷达",一下子扫过去,边边角角的信息都漏不掉。"他有攻击性!""我感觉伙伴们有点蔫儿"……女性这种惊人的直觉力和同理心,正是女性脑的独特优势。

男性倾向于找出事物背后的规律、最佳解决方案,而女性更愿意了解对面的那个人,"你现在感觉怎样?""你现在最想说的是什么?""你最渴望的是什么?"她的眼神、微笑和语气都在传递这样的信息,"我懂你,我很在意你""此时,我和你全然在一起"。

当心被触动了，一个人会怎样？如果他是你的客户，那么他会迅速做出购买决定，而且把"性价比""货比三家"等理性思维扔到脑后。如果她是你的新客户，那么她会再次光顾，而且会带来自己的家人或闺蜜。如果他是一个犹豫的合作者，那么他也会因为"你的懂得""你的认可"而欣然向前一步。因此，女性管理者在业务拓展、激发团队或化解冲突时，常常是因为建立了人际信任度而轻松搞定了事情。

什么是同理心？同理心不是给方法、讲道理，或是替对方愤愤不平、唏嘘不已；而是专注地倾听、入心地回应，给予对方充分的理解和暖暖的关爱。

同理心如何激发创新？一来，你能走进人们的内心，了解他现在卡在哪里了？需要什么支持？他的梦想是什么？进而，你能理顺产品开发的各个环节。二来，当你真诚地鼓励小伙伴吐槽、冒泡泡，并专注地倾听、认真地询问时，对方感受到"被重视""被认可"，于是，一个个闪亮的创新点子、一个个业务的改进思路汩汩而出。

2022年，我有"三大突破"，其中最让我欣喜的一个突破就是我的体重降低了24斤，同时，我的心境更加平和、包容了。这份美好的转变从每天清晨开始，那位神奇的引领者就是瑜伽老师熊霞。每天早晨6点钟，她都会在直播间里不厌其烦地唠叨七八分钟：如果你头有点晕，吃一两颗红枣，或是喝一点蜂蜜水；山式站立是这样子的；不要跟别人比，也不要羡慕老师，只要跟自己比：今天，我对自己的身体是不是多了一些觉察？我的心境是不是更平和了？我的呼吸是不是比昨天更深入、更长一点了？在熊老师这种日复一日的唠叨里，我不仅感受到了她暖暖的关心和接纳，慢慢地，也把这种能量融入自己的生活中。自然，熊老师推荐的各种"爱自己、爱生活"的产品，我们粉丝的接纳度也会提升。

2022 年，我转发最多的一个视频号就是"意公子"，上至 80 多岁的老奶奶，下到"70 后"的理工男、"80 后"的女性们，大家都喜欢听这个衣着简朴、笑声爽朗的女子娓娓道来"中国艺术史"中华美的篇章、有趣的灵魂。在浮躁的短视频时代，一般的短视频都在两分钟以内，而意公子的视频却越来越长，普遍在 8 分钟以上，有的甚至超过了 15 分钟。点开意公子的视频，看到的是一片静怡的绿——她一袭绿衣，手捧抱枕，伴着暖暖的灯光娓娓道来：境遇坎坷却潇洒有为的苏东坡，醉里一笑众乐乐的欧阳修，还有那大气磅礴、挥洒出《千里江山图》的少年郎王希孟……一个并非艺术专业出身的女子，怎能将中国文化诠释得如此动人心弦？意公子说了两点：首先是因为我非专业出身，所以懂得观众的"痛"，我力求讲"人话"，让大家听得有趣又有料。其次，为了有独特的见地，我们团队做足了功夫。比如，在中国艺术史中最触动我的就是苏东坡。为了讲苏东坡，我们不仅读了全套苏轼文集，读了北宋那个时代发生的各类文人轶事，连苏东坡祖上四代的历史都读遍了，从他的出生环境到原生家庭、情感纠葛……把一件事情做到极致，美好的结果自然会呈现。还有，当你能触摸到人们心中隐隐的痛——失意、焦虑、愤懑、人生无味时，你就能开出一味药，或者带来一丝暖暖的光亮。这样一来，你和你的产品、服务就能深入人心了。我相信，今后会有更多的"意公子"们带着一颗晶莹剔透的心，一面感悟着自己，一面体验着他人，从事着"小而美"的创新事业。

> **小青柑**
>
> 如何能提升我们的同理心？
>
> **其一，专注地倾听，不打断对方。**
>
> **其二，简短地回应，听话听"音"。** 听出对方在一大段叙述中隐含的感受和需要，比如，"你觉得有点委屈……""其实，你真正需要的是……"。
>
> **其三，真诚地表达理解或肯定。** 如果你能听出对方的感受和需要，并温暖地"同理回应"一下，那么就很有水准了。假如，你还能从对方的言语中找到一些亮点，真诚地肯定或欣赏她，那就更上一层楼了。比如，"虽然这件事你没达到自己原定的目标，但是你已经很尽力了，而且，你还尝试了一种新方法，挺有勇气的。"

3 你的"美商"几分靓

"美商"（Beauty Quotient，简称 BQ），是指对美的理解能力。在我看来，它包括对美的感知力、创造力和呈现力，而不是你的长相、身材等外在因素。

面对一丛野菊花而怦然心动,望着天上浮云而神思飘荡。这种自在的心动、飘荡,往往会在不经意间给你带来一些灵感。

一个典雅的服装橱窗、一座古色古香的茶馆、一个生意盎然的花店,当你推门而入时,迎面遇见一位笑吟吟的女店主,你会觉得再自然不过了。在生活中体验美、在事业中创造美,是许多女性的梦想,至于赚多少钱,好像没那么重要。

第一次遇见小美时,她端坐在茶室门口的一张大茶桌前,静静地冲茶、品茶,那份温暖的优雅吸引了我。眼神一碰,小美笑着招呼我:"来喝会儿茶吧。"于是,我走进了小美的"东方仙草梦"。当年因为爱茶,30多岁的小美一头扎进了福建大山里,跟着茶农育茶、收茶,风吹日晒,乐此不疲。十几年来,她一直耐心地培育着"东方仙草",经营着三四家"东方峪"茶馆。我经常去小美的茶馆喝茶,看着她的茶馆风格从十几年前小桥流水般的典雅,演变到如今的茶室里一棵古茶树、七八个大书架,古朴静怡,"东方峪"简直成了我的"第二办公室"。偶尔,我也会问一两句:"小美,生意如何呀?""嗨,挺艰难的。"小美叹一口气,"一家小奶茶店,一天卖个几万元很容易。可经营一家茶馆,从育茶、制茶、包装到店面管理,哪一块儿都要很用心,收入却有限。"辛苦是辛苦,但小美一说到茶,眼睛就亮了起来:"宇红,这是新下来的清香型铁观音,你品品。""你瞧瞧,这款'观音红'的汤色亮不亮?"在飘荡的雾气里,小美的眼睛润润地,溢满了恬静的笑。

你知道吗,当你的眼睛"亮晶晶"的时候,就是你听到了内心的声音,找到了事业方向的时候。即便再苦再难,你也能坚持得久一些，而且美得自然、乐在其中。

前面提到的女性脑的第二个优势，女性的额叶皮层和边缘系统比男性的更大，因而，女性的语言更丰富、情绪更敏感，具有更细腻的感知力。在产品和服务创新中，添加温暖的"小心情""小细节"，或是个性化的"我因子"，很多女性都能信手拈来。

你或许会发现，现在许多产品之所以吸引你，不再是实用性或性价比，而是它的设计感——触动人心的美或是体贴入微的呵护。在电影院里，出现频率最高的一类广告是什么？是一百年来有四个轮子的交通工具——汽车。然而你会发现，汽车广告从不宣传它的高品质材料或是高速度，往往打的是情感牌或情怀牌。温馨的一家人来到青山绿水间，孩子们嬉笑着奔跑，俊朗的爸爸、温柔的妈妈依偎在一起。于是，你的心中荡漾起了温馨和惬意；或者，你离开喧闹的都市，一路驾车奔向山巅，或一路坎坷探索荒野，希望活出另一种豁达的人生境界来。美的情感、美的精神、美的气韵，最能触动人心。

去年，我们几个朋友去阿尔山度假。我和天露等几个朋友第一批到，我们每天拿着海碗喝粥、喝酒，很潇洒。灵芝一来，邀请我们去她的蒙古包里喝茶。她利索地铺好茶席、清洗好茶具，热腾腾地煮开一壶"老君眉"白茶，再添几片桂皮，刹那间，清香的气息弥漫了整个蒙古包。"灵芝一来，马上就有了精雅生活的味道。""心里刷地就静下来了。""现在适合谈人生喽。"大家欢声笑语，很是惬意。灵芝笑吟吟地说："精雅生活不是阳春白雪，而是要体现在每天的生活里。"

有一年深秋，我在灵芝那里举办了一次"成长沙龙"，十位企业高管、创业者聚首"黄叶村"里的"宝玉厅"，兴致盎然地攀谈着。下午休息时，灵芝神秘地问大家："我给你们保留了北京最后的一片银杏林，要不要去看看？"那时，户外的银杏树大多没了叶子，已显萧瑟。然而，当我们绕过一片湖，走过两段缓坡，眼前——居然映入一大片银杏林，满目纯粹的黄、金灿灿的黄。一片欢呼之后，大家赏景的赏景、留影的留影、感慨的感慨等意犹未尽回到"宝玉厅"时，已是灯火阑珊了。

灵芝是"北京曹雪芹学会"的秘书长，平时带领两个团队，其中一个团队钻研学术、编辑杂志，另一个团队搞"红楼梦"文创产品。她着装很古典，不是中式长裙，就是对襟小袄，行事虽温和却干练，经常问大家："这事你怎么看？""如果，我们今年要推进三件大事，大家认为哪几个是重点？"当团队有分歧时，她总是提醒小伙伴："曹公的生命观是什么？爱与美。我们在产品设计、店面陈设中，如何体现美？如何使产品的各个细节让人感受到爱？"这些年，灵芝带着团队小伙伴不断创新，推出了"红楼梦日历""雪芹南酒""老君眉茶""消寒图挂轴""金陵十二钗盲盒""大观园桌游""刘姥姥/板儿酱菜"等雅俗共赏的产品，既有文化内涵，也有生活雅趣，让"红迷"和国潮爱好者们欣喜不已。

"在自己热爱的行业里做事，千万不要因为创业，成了一个生猛的男人。女性在温润的状态下才有创造力。"这是我的挚友和芳的心里话。她前后三次创业，行业跨度极大，但一颗爱美、爱学习的心始终未变。

一天，我在收拾书柜，无意中捡起一本淡紫色封面的学员手册——澄心之旅，一下子就将我带到了8年前的一个成长课堂。课堂设在一座砖红色的两层小楼，矗立在浓密的绿荫中。顺着蔷薇花廊一路走过去，七八个画架错落有致地立着，张贴着一位位心理学专家的艺术海报；精美的成长手册摆放成圆弧状，四个天鹅状的大玻璃瓶盛着不同的茶饮，一张签到台上铺满了玫瑰花瓣，一声声问候如沐春风……我每次参加文俊举办的工作坊，总是能感受到满满的爱、惊艳的美。文俊从事教育行业快30年了，她提倡的"母爱式教育"，不仅让学校的老师和学子充满了爱和美，还能让走近她们的每一个人感受到这种美好的能量。

"在职业装中融入一些经典的中国元素，比如，牡丹、青花瓷、水墨画，可以让职业女性显得既典雅又干练。旗袍体现不出这种职业范儿，要设计成小礼服。"当马迎为2022冬奥会申奥代表团设计服装时，她的思路很清晰。于是，马迎带着她的"迎政"团队连续奋战3个月，最终设计出的服装让人眼前一亮：从洛桑站陈述时的钴蓝色套装，到展示室的一抹青花瓷水墨晕染小礼服，再到吉隆坡最后一刻的冰蓝（已被称为"奥运蓝"）套装，这一系列服饰简约、高雅、大气，将中国美学的神韵发挥到了极致。

女性对于美的体悟，除了在创意性的设计、媒体等行业之外，在高科技行业也有用武之地。

2020年3月，字节跳动的创始人张一鸣退身中国业务，任命张楠为字节跳动中国CEO。在一众技术出身的高管中，张楠很独特：她从小学绘画，高考时是个艺术特长生，对美的追求，让她在品牌定位、公司标识、App 标识、界面交互的设计等环节，都有很高的审美要求。抖音不时发布一则则体现企业价值观的小漫画、短视频，简洁、有趣、诚恳，几乎成了互联网行业的学习样板。

> **小青柑**
>
> 既然"美商"如此动人，如何才能提升我们的"美商"呢？
>
> **其一，欣赏自己的美。** 不仅包括你外在的形象、举止，也包括你内在的宝贵品质，比如，大度、温暖、乐观等。你一定有自己独特的美，去发现它、释放它吧。当下，有一个职业名为家庭陪伴师，不论陪伴孩子还是老人，善解人意、温暖可亲都是最核心的竞争力。
>
> **其二，创造生活之美。** 疫情这几年，我们的生活中虽然多了许多不便，但也增加了不少闲暇时光。束发系罗裙，素手煮羹汤，不少女性在厨房里重温了生活的滋味、妈妈的味道。今年中秋节，我收到了两份精致的手工月饼，打开精致的丝带，露出一个个小巧可爱的月饼，居然都是朋友自己的作品。生活中的点点滴滴，我们都可以创造出美的细节、神韵，不仅滋养自己，也能为他人赋能。
>
> **其三，体验艺术之美。** 腹有诗书气自华，一个爱读书、善思考的女性总会流露出迷人的知性之美。敞开心扉，去体验最能触动你内心的艺术形式吧；进而，你的生命力、创造力就会在艺术的浸染中生生不息。

记得两年前，我组织成长小组"蓬勃人生"第一次聚会，在自我介绍环节，当明丽动人的陈群笑着说"我是一位精神科大夫"时，不少人都惊诧道"居然有这么漂亮、开朗的大夫！"我不禁莞尔，难道精神科大夫会是一副"灭绝师太"的模样吗？爱玩、爱笑、读小说、写日记……让终日奔忙的陈大夫多了不少浪漫和温暖，也让更多的患者爱上了她，我也曾经是她的抑郁症患者之一呢。

今年，在我能量比较低、懒懒散散的两个月里，我没心思做什么正经事，而是不由自主地想亲近一下艺术。于是，我跟着朋友们参加了各类艺术活动，比如，国家博物馆的罗马文明展、万寿寺的艺术展、"京韵红楼"音乐会、"中国美学课"，还买了几本书，比如，《中国美学十五讲》《中国哲学十五讲》《大话中国艺术史》。不知不觉中，生活的趣味丰富了，生命的动力也强劲了。于是原本要拖到明年的这本书，又活脱脱地"苟日新、日日新"了。

4 你的"创新花园"几分春色

2022年，在全球教育界有一个惊喜的变化，欧美几大著名高校的掌门人都换成了女性。在英国有剑桥、牛津，在美国则是麻省理工学院，该校新任校长、61岁的萨莉·科恩布鲁斯被人们称之为像"邻家的大妈"。在此之前，萨莉曾在杜克大学担任了7年教务长，一直推进本科教育的创新和跨学科研究，其中的一项战略计划就叫"一起杜克"。

由此想到，一位创新型领导者不仅自己要有创新能力，更须激发团队的创新火花。如何激发创新的天才团队？哈佛商学院领导力学院主任琳达·希尔提出了天才团队的三大要素：协同性工作、发现性学习、综合性决策。而女性天生具备的同理心、包容心和沟通能力，最适合创造一个宽松而活跃的氛围，激发天才们乐此不疲地学习、工作，做出最佳决策。

一般而言，在管理中我们能看到，男性更专注于解决问题，不太注意团队的情感凝聚力；而女性对情感氛围更敏感，她们更愿意先激励人心，再一起解决难题。

在有限的资源下——时间有限、金钱有限、能力有限，不仅要完成多项任务，还要时不时面对各种意外和干扰，你觉得什么样的人最胜任，而且能找出创新性的解决方案？答案是，照顾孩子的妈妈们。

著名企业家埃隆·马斯克的妈妈梅耶·马斯克，被称为"硬核妈妈"。早年，因为不堪忍受丈夫的家暴，她带着三个孩子从南非辗转逃到加拿大。在一个陌生的国度里，31岁的单身妈妈一边勤奋学习、拼命挣钱，一边养育着三个孩子。遇到难题，梅耶和孩子们一起琢磨法子："嗯，难题一，现在咱们的钱不多，买不起床，大家商量一下该怎么办？""那就买几个床垫吧。""买什么样的床垫？""要大一点，厚一点，咱们都能挤下，还睡着舒服。""难题二，你们想看那么多的书，我买不起，怎么办？""每人列一张书单吧,让埃隆去书店看,回来跟我们讲要点。"于是,小"钢铁侠"发挥了强大的记忆力和表达力,成为一个学识渊博的"埃隆百科"。"把孩子们当成可以信任的成年人来对待。"梅耶的教育理念一向如此,于是在她的营养咨询事业中,大儿子埃隆帮助她搞懂打字机的各项功能,女儿托斯卡用打字机处理给医生们的信件,二儿子金博尔则帮忙搞定各种杂事。

我在前面提到,女性大脑带来的第三项优势就是善于激发团队协作精神。女性大脑的杏仁核比男性的小,而杏仁核是加工恐惧和愤怒的脑区。因此,在遇到危机或不同意见时,女性比男性更淡定,而且也更愿意鼓励大家出主意。当更多的小伙伴被听到、被看到、被鼓励时,团队的创新力就会被大大地激发。

创新不仅仅是自己的灵光一现,更是激发团队伙伴不断迸发出新火花,尝试新模式、整合多方资源,将"不可能"转化为"如何能",将"这次不太好"升级为"下次如何更好"。

当 2020 年疫情到来时,"辰园"几乎遭受了灭顶之灾:这个传播中国传统文化的会所,往年在"三八节"前后企业会预订上百场讲座,然而此时门可罗雀!幸好,有一家国企找上门来,问有没有可能做线上沙龙。嘉敏的本能反应是"怎么可能",传统文化需要通过"眼、耳、鼻、舌、身、意"来真切地体验,线上怎么能行呢?然而,处于困境中的她却咬牙答应了下来。随后的几天里,嘉敏带着小伙伴测试各个直播平台、准备物资资料、梳理流程。几天后,她发给客户一套非常专业的线上项目流程——主题:线上制作香囊;方式:①直播,②录播,让当天参加不了的人随后观看,

③建微信群，老师在群中答疑，一点一滴地教会大家。模式：可以选公域平台或私域平台。材料包如何搭配，如何邮寄等细节也都梳理得清清楚楚。客户看后立即拍板，举办了一次特别的"云上香囊"沙龙，员工们反馈极佳。随后，嘉敏又再接再厉，与客户合作了"云运动会"，传授全国各地的员工练"养生八段锦"，包括授课、团队PK、小视频录制、打分、颁奖等环节，把"云运动会"办得有声有色。这个项目还获得了全国性奖励。嘉敏在疫情期间大胆创新，也较好地激发了团队凝聚力。如今，"辰园"已经开发出了80多种手工类的线上沙龙，比如，茶道、香道、花道、香囊、团扇等。在创新方面，嘉敏不光有惊人的学习力，还能快速将创新项目梳理出具体的操作流程，让其得到快速传播和迭代。"这大概跟我是'双子座'有关吧。"嘉敏笑着说。嘉敏一方面十分感性，另一方面又很理性；她既能安静地沉思，又能快速行动。

"必须拥抱互联网。"经过一系列云沙龙的创新后，嘉敏更坚定了这个信念。于是她带领团队又开始了新的尝试——直播。一开始，他们选择了沉香、茶、国乐等主题，每一次直播时都是"三人小组"，一个主播、一个运营，嘉敏当粉丝，时不时地打赏。"一开始，观看人数非常少，我得给直播团队打气呀。"嘉敏说道。在坚持了50多天直播后，突然有一天数据猛增，1万、2万，在线人数居然猛增到了3万人！"当时我简直懵了，后来才知道这是网上直播的'幂次曲线'规律，要靠愿景、乐趣和不断尝试，才能达到业务发展的拐点！"嘉敏事后回忆道。现在，"辰园"每一次直播带货，每一个品类都能有5000元到1万元的收入，这在以前简直是不敢想象的。走通直播带货这条路，嘉敏有两条很宝贵的经验：

其一，充分授权，不断鼓励团队小伙伴。其二，不轻言放弃！湖南人"吃得苦，霸得蛮"的性格在嘉敏身上体现得淋漓尽致。

> **小青柑**
>
> 如何能让我们的"创新花园"欣欣向荣？
>
> **其一，让每个人"被听到""被看到"。**优秀的创新园丁相信，每个人都有独特的视角和贡献。因此，她会营造一种"心理安全感"，让每个人表达自己的想法，不论是独特的点子、及时的反馈，还是突然冒出来的"泡泡"。
>
> **其二，让每一种想法被探寻、被扩展。**在工作中，女性擅长激发伙伴们群策群力，将"我的、你的想法"转变成"我们的想法"，进而形成"我们的计划""我们的行动"。
>
> **其三，让每个人的大脑中浮现出一幅美好的画面。**正如《小王子》中提到："想让一个人去造船，首先不是让他寻找木头、分工，而是要让他向往大海。"接下来，去找什么材料、去哪里找、怎么分工、怎么造船，会有无数种可能。人们会开心地创造出形态各异的船只，激情满满地奔向心中的大海。

女性
第二大优势：
联结力

为什么女性具有强大的联结力？其一，女性大多比较谦逊、柔和，没有那么自大，容易释放出"上善若水"的能量，连接万物、海纳百川。其二，女性与人交往时没有那么功利。她们大多随性而为，容易在不经意间赢得人们的信任。她们跟着自己的好奇心一路行进，容易在无意间形成"弱连接"，进入一个完全不搭界的领域，结识一批新朋友。其三，女性的沟通能力非常强，她们对情境既有敏锐的洞察力，又有灵活的适应力。

女性的第二大优势——"联结力"，其实是在以下三个层面联结：

其一，联结自我。女性有比较清晰的自我认知，我擅长的是什么？我不擅长的是什么？我希望成为什么样的人？

其二，联结他人。我愿意结交什么样的人？我如何与人相处？我从他人身上学到了什么？2021年，我和好友芸嘉在中央广播电视总台"云听"开设了一档女性职场节目"二姐不二"，分享了40多个职场发展和个人成长的话题。比如，在职场中如何应对PUA？如何打开"多面的我"？如何穿越职场四大"心理黑洞"？你真的会爱自己吗？等等。听友们反馈说听"二姐"娓娓道来很受益。但其实更受益的是我，一来，我在和听友的互动中感受到了更多元的人生视角；二来，我欣喜地发现，我们在一起成长，一起照亮彼此的生命。

其三，联结世界。我希望怎样度过人世间的这几十年？我从已经流逝的岁月中获得了什么？我希望在今后的时光中再"添加"一点什么？

日本有一位颇有哲思的女收藏家白洲正子，她说了自己很朴实的一个心愿："秋叶将落尽，新绿会萌生。把当下的每一天都认真活好，把生命的力量传交给子孙后代，再默默凋落散去，就是我的心愿。"细细品味，这话里有三层意思：每一天都是好日子，活好每一天；将生命力和感悟力传给后人；然后，该走就走，默默离场。是啊，默默离场，人世间的大舞台，我们都曾有幸登台演出了一段"戏"。但，不论是谁，在精彩、热闹了一段时光后，总要离开舞台的。一如白洲正子那般，活好每一天，在世时从容优游，作别时潇洒离去。

1 联结自我：内在和谐

当我们与自己和解了，才能与他人和睦相处，在这个世界中其乐融融。心理学大师萨提亚女士曾经提到过人生的三层境界：内在和谐（Peace Within）、人际和睦（Peace Between）、世界和平（Peace Among）。可见，联结力首先是从"联结自我"开始的。

其一，"发现"优势，"弥补"不足。人生的成功往往在于发现和发挥了自己的优势。那么幸福呢？影响力呢？稍微复杂一些，除了释放天生的优势，还需要弥补一些自己的不足。因为，幸福往往与他人相连，影响力更是要激发他人的动力，于是，我们在面对不同的人、不同的情境时，还需要不断地添加一些新因素。比如，你在工作中雷厉风行，在家里和孩子交流时，就需要添加一些耐心和灵活。你在职业生涯中一向是先人后己、勤勤恳恳，但面对年轻下属的自我和散漫时，就需要添加一些"欣赏式探寻"，欣赏他们的独特之处，再一起探寻如何更好地协作。

其二，接纳与欣赏。当我们对自己多了一些接纳，不必追求"完美"，"完整"就好，我们就能欣赏自己更多的闪光点，激发出更旺盛的生命力。我们可以欣赏自己做到的，欣赏自己这一次不同的尝试、多一点的努力，甚至可以欣赏自己"好心办了坏事"。我的朋友芸嘉经过一些事情的磨炼后，终于接纳了自己的"二"。她发现"二"里面除了自己讨厌的马虎、一根筋，还有吸引人的坦诚与豁达。

前些日子，我的一个学生Joanna说："老师，我最近特别焦虑。"原因是前年她所在的美国公司被一家中国台湾公司收购了，目前面临整合，公司把Joanna调到深圳分公司工作，工作的内容不是她想要的，最重要的是，他们这批原来在美国公司的管理者的薪水比中国台湾公司的同事高了一倍以上……可想而知，被裁是早晚的事情！于是，考虑过之后，Joanna提出了离职，之后她便去了一位朋友的公司成为运营负责人。然而,从外企跳到民营小企业,无论公司氛围、经营模式,还是工作模式等,都有非常大的变化……Joanna有些懵,之前每天保持的锻炼身体和学习英语的习惯,都提不起精神继续做了。Joanna说:"我突然发现自己快40岁了,这个年纪再要找一份自己喜爱的工作并不容易。一边焦虑,一边无奈,我每天不停地刷剧来麻痹自己,貌似进入剧情中就可以短暂地抛却烦恼。"

我很理解Joanna的状态,因为当年我从外企转入民企时,也经历了这样艰难的转型:民营企业节奏快、不确定性强,所以需要一段时间适应。在前面Joanna的焦虑状态中,其实有两点很值得欣赏:其一,她勇敢地迈出了"舒适圈",而不是无奈地一天天耗下去,等着被边缘化或是被裁员;其二,她觉察到了转型期的不适应,并且主动求援,和我沟通了一番后有了新的思路和动力。

在"萨提亚模式"中有一则信念,我经常分享给朋友:欣赏和接纳过去,可以更好地管理现在。不仅欣赏自己过去做到的,也要欣赏那些尝试了但没有做到的,还要接纳自己的各种有限。比如,能力的有限、时间的有限、心胸的有限,此外,即便是最慷慨的人,也会有一些小肚鸡肠的时候。所以,要成为一个鲜活且完整的人,而不是成为一个硬邦邦、完美的人。前者像是带着露珠、绽放后凋零的鲜花,而后者是永不凋谢的塑料花。你会喜欢哪一种呢?

其三,成事与成长。我们在做一件事情时,在经营每一段关系时,不论成败,都可以从中有所学习,有所感悟,使之变为一种正向资源。

于敏维系了20多年的婚姻，经过3年疫情的磋磨，终于波澜不惊地画上了一个句号。离婚后半年了，于敏和她的忘年交Helen姐分享了自己的近况，原以为心如止水的她，说着说着居然泪流满面。

"有委屈吗？"Helen柔声问于敏。

"嗯，有一点，我为这个家付出了这么多。"于敏抹了抹眼泪，继续说："也有点生自己的气，优柔寡断了好些年，其实早就应该分开了。"

Helen认识于敏快30年了，也认识她的先生。于是，她听于敏慢慢地说，偶尔问一两个问题，帮她梳理一下思路。晚上，于敏发来一段话：Helen姐，感恩在我的生命中遇到你！你说得很好，在我和先生相识的28年里，我要感恩——

1. 我们度过了很多美好的时光，尤其是他的扎实和上进，给了我很多心理安全感。
2. 他是一个爱学习的人，我也是，这让我们家一直有一种简单而朴实的学习氛围，对我们的共同成长很有帮助。
3. 我们俩共同养育了一个可爱的女儿朵朵，她会是我今后重要的福祉。
4. 婚姻的缘分虽然已经尽了，但我和先生依然可以成为朋友。

2 联结他人：人际和睦

联结力的第二层是"联结他人"，联结不同性格、不同背景的人，形成自己丰厚的社会资本。我把职场女性分成女生、女侠和女神"三重境界"。这三重境界不取决于你的年龄，而取决于你的职业素质和心智模式。那么，在联结他人方面，女生、女侠和女神有何不同？我试着说些自己的感悟吧。

女生，大多处于职场早期阶段、弱势地位，所以，比较容易开口求人。而职场前辈也愿意伸一把手、送个人情。但这种联结力，往往是单车道，跑一两次就封闭了。除非有些女生的情商比较高，懂得礼尚往来，自己求人之后，虽然能力、资源有限，但不妨多些感恩、谦逊，并通过快速成长让前辈们看到："嗯，这个小女生懂事""不错，这孩子有潜力！"最怕的就是有些女性当惯了被呵护的"职场新人"，三十好几了，还一副不谙世事的样子，说不得、扶不起。

蓝汐刚进公司市场部的时候，每次交上去PPT，都被总监杨总痛斥一番，PPT文稿打回去三番五次重做。小姑娘简直被打入了尘埃，名校毕业、意气飞扬的她几乎没了自信心。一天，销售部的主管光亭看着蓝汐蔫头耷脑的样子有点不忍心，悄悄地对她说："你们老杨对新人都是这样子，他说是要磨性子，并不是只针对你。""那我怎么熬过去啊？"蓝汐一开口，眼泪差一点落下来。"你就谦虚地点头，拿回去认真改一改，汇报时嘴巴甜一些。两个月后就好了。"受到点拨后，蓝汐如法炮制，果然顺顺利利地通过了试用期。有一天，老杨还不经意地对下属提到了蓝汐，"那个小姑娘就没那么玻璃心。"事后，蓝汐不仅专门请客感谢了光亭，还一脸真诚地请他当自己的职业导师，讲述自己的不足，请求对方日后更多地点拨自己。光亭一口答应了，公司一直都是有"导师制"的，他自己也获益匪浅。在随后的 5 年里，蓝汐在公司中业绩越来越出色，而且成功地轮岗了其他两个部门，期间又兼职读完了 MBA，蓝汐一路走来，光亭导师可没少费心思。

有些女生成功打拼了三五年，自然升级到了女侠的段位，她们能力十足、性格突出，往往独立成事，反倒"不愿意"或"不屑于"开口求援了，似乎一开口，就证明"我能力不行"或"我不够好"，死撑着"女汉子""女强人"的面子和担子。

26 岁的雨萌，心思缜密、生性要强，她和老公从农村一路打拼到广州，雨萌成为一家合资公司的人力资源主管。小夫妻俩计划着先筹够房子的首付款，等 30 岁再要孩子，可突然有一天，她发现自己怀孕了……之前的一切计划都被打乱了。产后好几周，雨萌都下不了床。在她最需要呵护和理解的时候，老公很不厌烦家里的一片狼藉，抱怨道："为啥中国女人要坐月子，你看人家西方女人……""别人三四天就下床了，就你娇气。"更加煎熬的是，孩子夜里常哭闹,"在女儿一岁前,我几乎没怎么睡着过。"雨萌提起那段日子,至今还一脸悲情,"好几次,我晚上喂完奶,用头猛撞墙,真想一死了之。但是歪头一看女儿,看着她胖乎乎的小脸,我实在不忍心。"

雨萌跟我说这段经历时,女儿已经八岁了,自己也读了两年中科院心理资本班的课程。我问她:"当时,是什么支撑你走过来的?"雨萌说:"一天,我无意中看到一篇文章'你抑郁了吗?十道题快速检测',我做了一下,发现自己居然有中度抑郁症!我吓坏了,赶紧跟姐姐说了自己的状况,她立刻让我去医院看睡眠科,我遇到了一位好大夫。再后来,我在工作中遇到了好老板,也是我的人生导师Celin,她教会了我乐观和包容,也让我在为人处世上更加灵活。"

雨萌是幸运的,在生命中的至暗时刻,她勇敢地向外求援。日本著名的心理治疗大师宗像恒次说:"抑郁症最重要的转折点是主动寻求帮助。只要你开口说,我最近有点不对劲,你能帮我吗?转机就开始了。"继而,他痛惜地慨叹道,"但是有不少抑郁症患者,至死也未开口。"

假如,你能在迷茫中敢于"向前一步",不论是自己只身突破,还是与队友携手闯关,当你能在疲惫、孤独的时候大声求救,承认"我现在很需要帮助",那么,你就从"女侠"慢慢成长为"女神"了。"女神"不仅善于整合更广的资源,也联结了自己的脆弱、承认了自己的有限,这是一种更强大的勇气——直面自我!

懂得掌握分寸，知道什么时候要"向前一步"，什么时候要"闪在一边"；在学习、生活和事业中遇到的各种"坎"，要学着绕过去或腾挪到新的道路上去；痛了就要大声喊出来，也许有人会来救你！

所以，从孤身死扛的"女侠"成长为游刃有余的"女神"，你可以试试以下三步：

第一步，承认。在某些时刻，承认自己的有限和脆弱。这样，你不仅能赢得众人的支持，也能让自己活得更真实、更灵动。表达脆弱，不是你真的脆弱，而是有智慧、有力量的表现。

一位科技公司的CEO在聊到他的一位下属Jessica时说："她学习很勤奋，工作也很拼命，不认输，可就是感觉她内心有一股傲气，待人冷冷的，不太能融入团队。"在随后的"一对一"教练辅导中，教练一凡与Jessica交流了几次后慢慢熟络起来，两个人还专门探讨了一下"傲气"。在Jessica看来，自己是一个年轻的技术管理者，一定要保持高度的技术水准，解决所有难题，这样才能建立起权威感。一凡随后问道："听起来，当你保持高度的技术水准且解决了所有的难题，就能拥有令人折服的权威感，是吗？""是啊。"一凡点点头，又假设了一个状况："如果你自己解决不了，但是你能激发大家群策群力，这样你的权威感如何？""这更像是一个管理者的状态了。"Jessica笑着说，"有时候，我努力了也做不到，就应该主动求援、整合资源，而不是自己死扛着。""是啊，权威感来自于你带领团队一次次成事，而不仅仅是你一个人去拼搏。"

第二步，包容。包容有不同的境界，一种包容是天生豁达。很多事情，入眼却不见。后来，专家们用了一个专业的词，钝感力。另一种包容是后天清明。凡事要看得开、想得透、放得下。比如，当有人在你身边时不时地"凡尔赛"，不是炫耀自己假期去了几个国家，孩子在国外怎样如鱼得水、秒杀各国学子，就是慨叹一番，当年一众追求者，如今却形单影孤。你呢，安静地听着，偶尔露出或赞赏或理解的微笑，随后，便与之保持合适的距离。我与她不同道，看破却不必说破。

在《红楼梦》中有一段温馨的女儿情。来至蘅芜苑中，宝钗便坐了笑道："颦儿，你跪下，我要审你。"黛玉不解何故，因笑道："你瞧宝丫头疯了！审问我什么？"……宝钗笑道："你还装憨儿。昨儿行酒令你说的是什么？"黛玉一想，方想起来昨儿那《牡丹亭》《西厢记》说了两句，不觉红了脸……宝钗见他羞得满脸飞红，满口央告，便不肯再往下追问，因拉他坐下吃茶，款款道："我也是个淘气的。诸如这些'西厢''琵琶'以及'元人百种'，我们却也偷背着他们看……你我只该做些针黹纺织的事才是，偏又认得了字，既认得了字，不过拣那正经的看罢了，最怕见了些杂书，移了性情，就不可救了。"一席话说的黛玉垂头吃茶，心下暗伏，只有答应"是"的一字。

这段对话中充分显示了"识宝钗"的特点，不仅识大体，而且待人宽厚。在众人面前，她会给别人留面子，即便是时常给她甩脸子、撂酸话的黛玉；在私下里，她也懂得劝人的分寸，点到即止。这种包容的背后，是人性的宽厚与智慧。

第三步，在人际关系中"收支平衡"。也就是说，与人相处时，不是你一味地索取或一直付出，而是要有舍有得。在与人交流时，你不是一味地倒苦水、求关注；也不是频频出主意、做推理，而是耐心倾听、偶有回应；回应时，除了理性的分析，还需要感性的理解和认可。毕竟，在"晓之以理、动之以情"的对话中，更有效的是——先"动之以情"，建立信任；再"晓之以理"，层层分析，找到解决思路。

我早年在人际关系中最大的失误就是：总想着助人，还总是不知天高地厚地觉得自己有能力帮到别人，一副江湖女侠的模样，朋友们都叫我"激励姐"。于是，这慢慢形成了我的一种心智模式：总爱帮人，很难开口求人。大凡难事，我靠着自己的勤奋和执着，都一点点挺过去了。但有一段时间，我独自奋斗、挣扎了许久，也没有什么突破、前途一片渺茫……于是，在2013年的春天，我陷入了重度抑郁症。当我处于木讷、脆弱的状态时，"不得不"接受各方的帮助：年迈的父母、热心的朋友、宽厚的同事、温和的心理咨询师……直到遇见我生命中的贵人——精神科医生陈群大夫。从那以后，我的傲慢减少了，我的接纳真正由心而发了，接纳自己的做不到，接纳他人的情有可原，或是有心无力。

有一天，我无意中听到了关于在人际关系中的赠礼和回礼。法国大思想家皮埃尔·布尔迪厄的解答很精妙：一方赠礼，一方回礼，这就是一次礼物交换。礼物交换和两个因素有关，一个是交换礼物的价值，另一个是交换礼物的时间。于是，就产生了以下四种不同的人际现象：

交换的礼物等值，交换的时间分前后，这就是借贷；

交换的礼物不等值，交换行为同时发生，这就是贸易；

交换的礼物等值，交换行为同时发生，这就是拒绝；

交换的礼物不等值，交换时间分前后，这是赠礼和回礼。

以前，我时常处于上面的第二种或第三种情况，是因为自己的小心思：我不想占别人的便宜，内心更深的声音恐怕是"我不够好"。现在，我越来越从容地收下别人的礼物，或是欣然接受别人的赞美，或许是我心中"不够好"的阴影越来越少了吧。

> **小青柑**
>
> 人际关系对每个人而言，像空气一样重要。这是我的一位老师玛利亚说的。既然联结他人如此重要，那么下面三步需要走稳了：
>
> 第一步，承认。在某些时刻，承认自己的有限和脆弱。
>
> 第二步，包容。包容有不同的境界，一种包容是天生豁达。很多事情，入眼却不见。后来，专家们用了一个专业的词，钝感力。另一种包容是后天清明。凡事要看得开、想得透、放得下。
>
> 第三步，在人际关系中"收支平衡"。也就是说，与人相处时，不是你一味地索取或一直付出，而是要有舍有得。

3 联结世界：美好绽放

曾经的共享单车"龙头企业"摩拜的 CEO 胡玮炜，在创业时怀着温暖而美好的愿景："骑行改变城市！"公司经过了多轮融资后，还没有找到清晰的盈利模式。在一次采访中，她说："如果失败了，就当做公益吧。"作为共享单车的消费者，我很感恩这家公司多年来的创新和努力，但对投资机构来说或许就是另一种滋味了。坦率地说，在商业领域中，男性的目标性很强，犹如四处觅食的野狼；而女性很在意自己的情怀、感受，有些像灵动而优雅的梅花鹿。

2022 年 3 月，我陆续采访了 25 位女性创业者，发现她们的共同点——创造美好、坚韧不拔，但赚钱的欲望没那么强烈，或者说，她们开启的事业很难赚到多少钱。尽一份力、坚守一种情怀，往往是她们的原动力。

最初见到"奇点小姐"Jill，她浑身散发着热烈的锋芒，仿佛一个硅谷女黑客。Jill 穿梭于科技、社群和社会创新领域，支持科技女性创业。在过去 5 年里，Jill 充满激情地组织和推广"科技女性大会"。Jill 说："我希望让更多的科技女性被看到，并启发和影响更多的女孩子参与到STEM（科学、技术、工程和数学）的学习和工作中来。"即便在疫情严重的2022年，"科技女性大会"依然在成都、杭州、深圳落地。Jill始终坚信，"科技不分性别，要推动STEM的性别多样性和包容性。"生性爱玩的Jill在2022年发起了一个有趣的公益活动："100期城市萤火虫行动"——点亮内驱力，她和众多女嘉宾既探讨"我的人生有什么意义"这样的哲学问题，也分享女性职场中的各类挑战。如果你想成为一个有趣、有创意的科技人才，就去找"奇点小姐"Jill吧！

20世纪90年代，"兔后"张书平不仅是中国兔业的先行者，还是农村脱贫致富的带头人。从那时至今，张书平带领她的团队完成了40多万人次的养兔技能培训，让大量的农村女性找到了一条经济独立的道路。同时，她还积极推广一种高效的生态农业模式——将种植和养殖结合起来的"循环农业"模式。从2008年起，"兔后"张书平将"创业服务"引入了四川省，她带领一批创业导师，走遍了四川省二十几个县，精心辅导农村创业者。张书平娓娓道来："我们都是背着干粮到农村进行创业辅导，每个人陪伴一到三年。这些创业项目一部分是我们自己筹措资金，另外一部分来自于企业捐助和政府补贴。""要用欣赏的眼光、赞美的语言、陪伴的行动来支持农村创业者"，这是张书平作为一位社会企业家在"创业服务"中一直保持的情怀。

世界随时在变，人生只有几十载，发挥你的天性，活出你的"味道"就好。

人本主义心理学家马斯洛曾经建议他的学生：当有人递给你

一杯酒,并询问你味道如何时,试着以一种不同的方式作答。首先,不要看酒瓶上的商标,不要从中得到任何暗示去考虑,应该说"好"或"不好"。其次,闭上眼睛,定一定神,用自己的舌头品一品酒味,让自己内心的"最高法庭"做出论断:"我喜欢它",或是"我不喜欢它"。当你对某事有所怀疑时,要诚实地说出来,而不要隐瞒。

还有,不必男女设限。一些女性拥有男性擅长的理性思维,拥有无畏的勇气和果决,而一些男性也具有女性擅长的同理心、沟通力和亲和力,每一个人都在成长中趋于"完整",成为"更好的自己",进而在人世间留下独特的价值。

在现代信息社会中,有很多计算机程序员被人们戏称为"码农",每天像农民耕地一样,辛勤地编写一行行代码。然而,你可曾知道,"码农"的鼻祖竟然是一位美丽的女子。"她犹如数字魔女,对科学中最抽象的部分施加魔法,并以一种男性的阳刚智慧都难以匹敌的力量牢牢把握它。"这封信写于19世纪,信中的主人公洛芙莱斯就是这位神人,她是诗人拜伦唯一的合法女儿。拜伦生性风流,这让洛芙莱斯的母亲很不悦,此后,她便带着幼小的女儿离开了拜伦,并非常注重对她的数学教育,希望孩子用理性的优势克服感性上的弱点。于是,我们的"数字魔女"身上流淌着两种不相容的血液,一种是诗意且感性的血液,来自于父亲拜伦的遗传;另一种是科学且理性的血液,来自于母亲的天赋和后天培养。1842年,洛芙莱斯编写了历史上第一款计算机程序,并在第二年公布了世界上第一套算法。此外,她还提出了一个很重要的概念——诗意的科学。看过洛芙莱斯的肖像,人们惊叹:她本人就是科学与诗意的完美结合。洛芙莱斯认为,"计算机不仅能数学运算,还能进行更复杂的信息处理,包括处理文本、图像、声音……未来终将有一天,冷冰冰的机器会融入人性的温暖。"天呐,这居然是170年前的科学预言,大胆而浪漫。

《异见时刻》这本书的副标题很另类——声名狼藉的金斯伯格。她是美国联邦最高法院"九人团"成员之一,一位犹太女性大法官,因不畏强权、敢于提出异议而闻名。金斯伯格一生经历过各种不公平:她在哥伦比亚法学院的成绩连续三年全校第一,却因为是女性,被律所和法院拒之门外。后来好不容易找到工作,又因为怀孕被扫地出门。她毕生为女权、性别平等和弱势群体的权利做了很多杰出的贡献。金斯伯格的一生,不仅仅是为女权、更是为"平权"而孜孜以求。

> **小青柑**
>
> 做好了内在和谐、人际和睦,我们再与世界联结时,就从容自在多了——
>
> 其一,发挥你的天性,活出你的"味道"。
> 其二,不必男女设限,做出自己独特的贡献。
> 其三,不刻意追求"女权",而是倡导"平权"。

女性
第三大优势：
坚韧力

遇到疫情、战乱等不可抗力问题时，谁更容易崩溃？

为什么在执行太空任务时，总需要一位女性航天员？

为什么相对于其他科学领域，女性在生命科学领域更有优势？

当我试图寻找以上三个问题的答案时，隐隐约约中已经触碰到了女性的另一大优势——坚韧力。坚韧力中既有坚持，一次不行，再来一次；也有复原力，失败了、被击倒了，重新再来、爬起来面对困境。"坚韧力"背后的驱动力是什么呢？一片热爱、一份好奇。

丹麦和美国科学家分析历史资料后发现，面对饥荒、传染病和奴役等极端恶劣的情况，女性的自杀率、死亡率比男性更低，预期寿命更长。为何如此呢？其一，应对压力的模式不同。当面对压力时，男性更容易自我消化，而女性会向人倾诉、寻求帮助。其二，雄激素会使男性相对短寿；而雌激素对染色体的保护性更强。

在挑选女航天员时有三重考虑：一是，女性对航天环境的适应能力、耐寂寞能力更强。据研究，在失重的太空环境下，女性雌激素和镁的代谢优于男性，因而，女性不容易出现血栓、头痛、心律紊乱等现象。二是，女性更有亲和力，在狭小的环境里，她们能积极主动配合伙伴，化解人际矛盾；在遇到应激反应时，她们的情绪更稳定，解决问题的能力也更有保障。三是，观察航天员在太空的身体反应就是一项科学实验，怎能少得了女性呢？如今，中国航天器在太空的驻留时间越来越长，"神舟十三号"乘组在空间站工作了6个月，三人组中的女航天员王亚平不仅两度出征，而且，她还担任了"太空教师"的角色，三次给全国青少年娓娓道来宇宙的奥妙。

在生命科学领域有不少优秀的女性科学家。比如，2015年，屠呦呦以"发现青蒿素，开创疟疾治疗新方法"而荣获"诺贝尔生理学或医学奖"；年轻优雅的胡海岚教授研究大脑神经，发现了"胜利者效应"和治疗抑郁症的新原理，在2022年6月获得了"世界杰出女科学家奖"。

在胡海岚与记者的交流中，她屡屡提到"韧性"一词。她说："在实验室里，我每天70%以上的时间都在面对实验的失败，或者说是'暂时的不成功'。"韧性的锻炼也是科学家的基本功。科研就像一场马拉松，你要调整好自己的节奏，有时候快，有时候慢，有时候和同伴一起，有时候也要一个人孤独地坚持。虽然不知道终点在哪里，但是总能让你充满希望。

有一位学者采访了数百位女性高管。发现她们无论身处哪个领域、行业或地区，韧性都是非常突出的一个特点：默默地提升专业水平，坚持在一个领域中深耕多年，甚至在应对依旧不平等的职场环境时具有非凡的承受力。

1 命中的"磨刀石"

女性的坚韧力是与生俱来的吗？并非如此，而是在后天成长中一点点磨炼出来的。下面的这些"磨刀石"你经历过几块呢？

"为什么你不是个男孩子呢？"在原生家庭里，当父母一次次失望地唠叨时；"谁叫你不是个男孩子呢！"当父母一次次偏心，疼爱着那个神气活现的哥哥或弟弟时；"女孩子就是个赔钱货！"当父母生气时抱怨着……从小到大，你在这样的言语中就已经开始磨砺自己了——我要靠自己；我要证明比男孩子强！我要让父母看到自己的价值。

记得当年高考时，我信心满满地报考了一所著名的外语学院。几轮面试后，招生老师不无感慨地说："你要是一个男生，低20分我们都要了。我们学校的女生太多了。"可惜，我就是一个小女子。于是，我被外语学院拒之门外，却阴差阳错进了中国人民大学新闻系，拐入了一个奇妙的新天地。

工作后我在北大读MBA，期间有一个难得的国际领导力项目——选拔3名学员，去美国西点军校学习一段时间。这下子，群情激昂的200多名MBA学子热热闹闹地备战，铆足了劲参加选拔。忽然校方宣布：因为是第一次启动这个国际项目，有诸多不确定因素，所以，女生一律不参加选拔。失望、愤怒之际，我在家里哭了半天，期间又去学校找班主任、找美方院长沟通，都无效。于是，我冷静下来之后又做了一次努力：上西点军校的网站，查到了组织行为与领导力系，找到了这个项目的负责人Todd教授，以及他的邮箱。随后，我给Todd教授写了一封洋洋洒洒的邮件：述说自己对领导力的研究、自己的综合能力，以及西点军校中男女学员的比例（女性优秀学员的比例）……最后得出结论，这3个名额中应该有一位女学员！原本我不抱什么希望，结果——20分钟后我收到了Todd教授的回复，"感谢你的关注，你说的有道理。"那时，可是美国东部时间凌晨2点钟啊。于是，我又精神抖擞地一次次游说、沟通……感恩中方杨壮教授和美方Todd教授的巨大努力，最终，西点军校之旅的3名学员增加到了4名——两男两女，其中的一个女生就是我。经过这次从"不可能"到"可能"的磨炼，我的自信和视野有了巨大的提升。

还有一段极其重要的"磨刀岁月"，就是女性生宝宝之后的几个月里。在一次"脱口秀"节目里，安定医院的一位女精神科医生惟妙惟肖地分享了一段新妈妈的煎熬时光："人类的幼崽在头一个月里，主要的任务就是吃，但他们吃奶的速度比医院里打点滴还要慢呀，真是又'菜'又爱吃：吃一次半小时，半小时吃一次，如此循环，仿佛宇宙的尽头就是喂奶……"嘉宾们一片哄笑，但我相信，做过妈妈的女性们在笑中会有很多无奈与释然：这日子，总算熬过去了。

从上面这些人生中的"磨刀石"里,我们似乎能感悟出,坚韧力从何而来?来自你的不认命、不甘心,来自你一次又一次的努力,来自你认定的那个有意义、有意思的事。

2 坚韧力来自有意义

假如,你能为你所从事的事情"赋予意义",那么,不论过程中有多少艰辛或失败,你都能坚持得久一些,因为你心中很明了"我为何坚持"。比如,一个从小在家被歧视的女孩子,为了证明自己,会忍受更多的艰苦,坚持不懈地成长。一位懂得母乳喂养价值的妈妈,会不厌其烦地在班上吸出奶、储存奶,下班回家后再辛辛苦苦地喂给宝宝,这样坚持一年多。

在 2022 年的上海疫情中,担任志愿者和"团长"的大多都是女性。在这次疫情中,上海女性勇于向前一步,将职场中的"功力"挪移到一个个鸡蛋团、水果团、蔬菜团……她们兼具耐心、细致、专业、同理心,成为特殊时期抚慰人心的"定海神针"。我相信,这些女团长在一地鸡毛蒜皮中,深知一颗菜、几罐牛奶、一袋大米对于家中老人、孩子的意义。因此,她们才能在一道道烦琐的手续间、一次次失望的等待中,甚至一次次被误解中坚持那么久。

3 坚韧力源于有意思

几年前，心理学家安吉拉·达克沃斯提出了"坚毅力"这一概念，坚毅力包含两大要素：热爱和坚持。一个人不是苦哈哈地坚持一件事、追寻一个方向，而是好奇而兴奋地沉醉其中，既追求结果，更享受过程。

"我想知道，支撑我们一切生命的生物分子长什么样，它们是如何组装在一起来完成包括呼吸、心跳、思维、做梦、生老病死等各种生命功能的。"杰出的结构生物学家颜宁一说起她的专业就兴致勃勃，"我觉得当科学家真是这世界上最好玩的工作了，你可以和世界上最聪明的人交往，提升自己，还有学生、有研究经费，来支持你去'玩'科学，探索你想知道的事情。"

一次，有个学生来问颜宁："老师，你看《欢乐颂》里的安迪（女主角，一位金融界的女高管），她在金融界的地位一定没有你在学术界的地位高，她的工作强度一定没有你的大，但是你看，她赚多少钱啊？你难道心里不会不平衡吗？"颜宁乐呵呵地问："那你就觉得安迪比我幸福吗？难道金钱就变成了衡量幸福感的一个标准了吗？"

我再讲一个小故事。一个4岁的女孩子古道尔，在英国乡村的农场里生活，她每天的任务之一就是捡鸡蛋。小姑娘很好奇："鸡的身上哪里有那么大的地方，可以生出一枚鸡蛋？"彼时，没人能解释这个问题。于是，她就自己探索答案。古道尔爬进一个鸡窝，静静地蜷缩在角落里，藏在稻草后面，耐心地等啊等啊……几个小时之后，一只母鸡走进来，在稻草堆里刨刨找找，做了一个临时的窝。它卧下一阵子，随后半站着，一个白白圆圆的东西就从它腿间的羽毛里慢慢地冒出来，扑通一声，鸡蛋掉在了稻草上。

4个小时后，古道尔在一家人的慌乱中飞奔回来，她兴奋地冲进屋里，告诉妈妈自己这个伟大的发现。忧心忡忡的妈妈没有责怪她，而是注意到了女儿"亮晶晶的眼睛"。于是，这位母亲坐下来，微笑着听了一个母鸡生蛋的故事。

后来，古道尔成为一位世界闻名的灵长类动物学家，她在东非辛勤地研究了50多年，在针对大猩猩的专题论文中阐述道："猩猩不仅会使用工具，还会制造工具，它们具有人类的一些特性——利他主义及同情心。而且，猩猩与人类的DNA只相差1%。"古道尔的这些研究改变了我们对于动物世界的看法。

"亮晶晶的眼睛"，无论是孩子还是大人，在做自己喜欢的事情时，都会从心底泛起一种强烈的痴迷和激情。时间的飞逝、过程中的孤寂甚至挫折，都不会扰动那道"亮晶晶"的光芒。

4 坚韧力需要一次次成长

女性的坚韧力是一层层修炼的。还记得我之前提到的职场女性"三境界"吗？女生、女侠、女神的坚韧力各不相同。

女生，比较"脆"。她们有许多"丰盛的理想"，但在"骨感的现实"面前容易受挫，或是自怨自艾，怨自己命不好、机遇不佳、能力品貌不如人。或是"她怨"，不是怨恨对方使了心机、钻了空子，就是埋怨领导处事不公、识人不明。女生面对逆境和挫折时很少反思，所以就走得磕磕碰碰。有些职场女性在职场中坎坷了20余年，心智上依然是"女生"一个。

女侠，比较"倔"。在困境中一次次咬紧牙关扛过去，时间久了，形成了强悍的个性、凌厉的眼神、爽利的手段。做事很高效，但作为"女性"的魅力几乎磨没了。有一次采访创业女性时，我提到某位著名的女企业家，一位女创业者笑着说："我可不希望成为她那样，太强势。"另一位女性很坚定："就算创业，我也要照顾好家庭。"

女神呢，大多比较"柔韧"。她们对情境有洞察力和适应力，有时，能温和地妥协，等待合适的时机；有时，能坚定地守住原则，寸步不让；有时，摔倒了，慢慢爬起来，琢磨一番，再不犯同样的错误。女神们，有理想，但不理想化；一方面，她们坚信某个目标、某种信念，向往着"诗和远方"；但另一方面，她们会制定一个个远期目标、近期目标，整合资源，一步一步扎实地迈出去，欣赏自己"微小而持续的进步"。

女性
第四大优势：
勇气

2020年新冠肺炎疫情爆发之初，为了抚平每天焦虑迷茫的心情，我很认真地整理了一下家里的书柜，精挑细选出了28本心理学经典书籍，制作了一张"心理学图谱"，分成五大类——个人成长、婚姻家庭、工作赋能、高效社交以及幸福生活；并为"有书"平台录制了一档音频节目——品读心理学经典。这28本书里有一本叫《被讨厌的勇气："自我启发之父"阿德勒的哲学课》，当我写解读这本书的文稿时，被女儿看见了，她正上小学六年级，好奇地问我："妈妈，勇气为什么被讨厌呀？""嗯，是个好问题。"我想了想，慢慢地说："有时候，你有不同的意见，其他人都不敢讲，只有你讲了，需要勇气吧。还有，你想按照自己的样子生活，但是别人希望你成为那个样子，你也需要勇气坚持自己想法的。"小家伙一脸坏笑："这么说，我还是挺有勇气的，我经常跟爸爸辩论，还跟体育老师吵过，不让他欺负我们女生。"我哈哈一笑，点赞她："对，我闺女是很有勇气的。"

勇气是什么？是你为了一个有价值的目标，在痛苦、迷茫，甚至于恐惧的情况下，做出的深思熟虑的选择。那么，我们再细细地探寻一下，勇气来自哪里？

1 勇气是"为自己"负责任

我勇敢地表达自己的想法、感受;我坚定地选择自己的道路,即便有一天证明我错了,我也坦然地承认,不指责、不抱怨;最重要的,我拥有独立的经济和情感。就像电视剧《我的前半生》中的唐晶,在面对男友向她坦白爱的是罗子君时,她脱下婚戒,笃定地说:"戒指好看,我可以自己买,我会自己好好地爱护自己的。"

"13年里我搬了20次家,而且还换了4个城市,从济南到上海、到深圳,最后到北京。"当瘦瘦弱弱的阿静说出这段话时,我不禁对她刮目相看,问道:"频繁的搬家会有漂泊感吗?是什么动力支持你的?""没有什么漂泊感,倒总是有欣喜,我坚信每一次搬家都会越来越好。我搬家最主要的动力是离公司近,能省下时间,专心致志地做事情。"阿静曾经多次创业,第一次是和男友做出国咨询,第二次是做健康保健,第三次是做自己热爱的心灵成长教育。如今,她和朋友正在开拓"空间设计"领域,而她自己呢,已经获得了一个国际设计认证。阿静笑着说,"我这个人就是爱折腾,折腾了这么些年发现,自己从事的都是和'美'相关的行业。"或许若干年后,阿静尝试过的一个点、一个点,犹如一颗颗珍珠，会穿成属于她的那串项链。

再说一段我早年的职业经历吧。我的第一份工作是在一家事业单位，那里的待遇不错且工作时间灵活，还时常公派出国，被别人称为"金饭碗"。然而，我外出学习多了，视野开阔了，就忍不住要去闯天下了。我偷偷办好离职手续，就奔向一家新成立的互联网公司，当起了市场经理。然而，公司初创时期的混乱、部门目标的摇摆，让我在工作中一头雾水……三周后，我灰溜溜地返回原单位，被老总一阵严厉地批评："当初我没让你走，你怎么就走了？现在我没让你回，你回来干什么！"当时，一向骄傲的我恨不得钻进地缝里。在那个冬天里，所有带色彩的衣服都被我藏进了衣柜，只有一件黑色的小棉袄，陪着我度过了难熬的三个半月，我灰溜溜地"夹着尾巴做人"。

蛰居了两年后，我第二次跳槽，进入了一家美国人力资源咨询公司。前半年依然是压力巨大的转型期，一个又一个跨领域的新项目、一次又一次刨根问底的数据梳理、一个又一个心惊肉跳的最终期限。有两三次，我觉得实在顶不下来了，但一想到那个屈辱的"黑色冬季"，我可不想再来一次；更何况，也没机会再来一次了！最终，我还是咬咬牙坚持了下来。如今回想起来，在那艰难的6个月里，我带着恐惧和焦虑，如饥似渴地学习、再学习；坚持、再坚持；求援、求助、四处拜师、虚心请教，终于痛苦地完成了第一次职业转型——从事业单位到外企、从媒体行业到管理咨询领域。而在这次转型中获得的三大素质：抗压能力、商业视野和项目管理能力，成为我后续十几年职场生涯的无价之宝。

2 勇气来自责任感

勇气不是一下子的冲动决定,而是一次次深思熟虑、负责任的选择。

在话剧《玩偶之家》里,觉醒后的娜拉,一下子勇敢地选择了出走。接下去呢?在那个年代,娜拉无非是三条路:饿死、堕落、再回来。鲁迅先生写得很冷静:"娜拉除了觉醒的心以外,还带了什么去?倘只有一条像诸君一样的紫红的绒绳的围巾,那可是不论宽到二尺或三尺,也完全是不中用的。她还须更富有,提包里有准备,直白地说,就是要有钱。"

现在的年轻人拥有更清晰、更强大的自我,因此,他们更勇于也更擅于表达自我。当"80后""85后"为了生活,不得不忍受"996"时(工作日时早上9点钟上班、晚上9点钟下班,一周工作6天),"90后""00后"们则追求有趣的工作,不相信老板"画饼",拒绝"996",在找工作前先对面试企业"背景调查"一番,在工作场合中为自己"大胆发声"。

在一次"全球青年领导力"培训课上,学员们是来自各个行业的优秀科研人才,一个叫秋萍的女博士表达了自己最近的感受:"有点丧。"随后,她缓缓地说出了自己在工作中的不顺利、迷茫,以及回国后孤独的感觉,全场人都静静地听着。等秋萍说完之后,又有一两个人说了自己当下的无奈和焦虑……有那么几分钟,全场沉默无语。于是,我缓缓地问学员们:"当你说出心中的感受,当你听到别人也有类似的感受时,你的心里有什么感触?""我觉得跟大家更亲近了。"说话的居然是秋萍,她语音清亮,脸上浮起了微笑。

更大的勇气来自于责任感。不少人说,为母则刚。许多柔弱的女性一旦成为妈妈,就变得坚强而豁达,生命的宽度和力度都增强了不少。还有不少女性在面对家庭的突然变故时,转瞬间就爆发出了巨大的能量。这背后的强大动力,正是为人母、为人妻的责任感吧。

在家庭治疗心理学大师米纽秦的著作《回家》里,他提到童年时一段刻骨铭心的回忆:在20世纪30年代,我9岁那年,经济大萧条夺走了家里的一切:店铺没了,食物短缺……在如此艰难的时期,妈妈的角色发生了巨大的改变。以往,她只是默默地在家中支持丈夫、照顾孩子,但后来,她开始做起小生意,卖马铃薯和腊肠。当爸爸去世后,妈妈居然慢慢地振翅单飞,我们每个人都跌破了眼镜,原来——妈妈有这么强的能量和丰富的应变之才。

每当我走进香山植物园的梁启超墓园时,都会在一棵"母亲树"旁驻足良久,因为这里纪念着一位心胸博大而坚韧的女性。在中国近现代史中,思想家、政治家梁启超可谓声名赫赫,然而,他的背后却有一位默默奉献了一生的女性。当梁公奔波于各地施展政治抱负时，梁夫人体弱多病，一家老小的生活重担都压在梁夫人的陪嫁丫鬟王桂荃身上。1924年、1929年，当梁夫人、梁启超先后辞世后，王桂荃含辛茹苦地养育着9个年幼的孩子，她变卖家产、打工赚钱、四处借贷，一个人苦苦支撑着。她千方百计地让孩子们多读书，总是用温和而朴素的话教育他们，梁启超的长子梁思成曾经动情地说："娘是一个头脑清醒、有见地、有才能，既富于感情又十分理智的善良的人。"后人称道的"梁门九子三院士"，其中包含着王桂荃的多少心血啊。

2022年的"三八节"，建宁老师第一次说起家中4位女性的故事，我就被震撼了：我的高祖母25岁的时候守寡，拉扯着5个儿子。1900年光绪帝在位期间，高祖母听说东北能"跑马占荒地"，她就带着5个儿子从山东登州一路向北闯关东，到了黑龙江才定居下来。老人家让4个儿子扛活挣钱，供养老五读书，"一家人总要有一个念书的"。她的这个信念就这么一直传承了下来。

到了我曾祖母的时候，她一眼相中了一个"个子高、学习好、模样俊"的洋学生，老人家亲自上门提亲，百般游说，"我家儿子亮白亮白的，又爱读书"，终于把县城里的女学生娶到了村里。那一年，爷爷16岁、奶奶18岁。乍一来到农村，奶奶不会干农活儿，不会料理家务，干活时还戴个手套，被家里妯娌、小姑子们笑话"娶了张年画儿回来"。然而，这个性格倔强的奶奶不仅供着小丈夫读书，一直读到初中毕业。而且，当村里建小学时，两个人双双成为创校时的第一批老师。

到了妈妈这里，她平时很柔弱、很温顺，但为了供养两个儿子读书,下岗后,她先是在一家木工厂当油漆工。后来为了多赚钱,她借钱买了一辆公交车,经营公交线。闻不惯汽油、爱晕车的妈妈,居然硬撑着在公交车上当了半年多乘务员。可惜钱没挣多少,欠了几千元债。为了还债,母亲拉了父亲从肇东去海拉尔投奔亲戚再次打工。"我清楚地记得那天是1992年5月12日,正是母亲节。"建宁正在黑龙江大学上大二,他有些困惑,"为什么非要去?"母亲叹了一口气,"你大学毕业后,不得找人托门子帮你找工作吗?以后你还得娶媳妇啊,这都需要钱啊!"母亲的一句话,"瞬间将我从浑浑噩噩中打醒了,我仿佛彻底换了一个人。从黑龙江大学刻苦读书,一举考进北京,读了中国人民大学的研究生。"

说完这四位女性普通而传奇的经历,建宁长长地舒了口气说:"我算了算,我们这一辈的弟弟、弟妹们差不多有14个人在教育口。"

这四位女性的故事虽然有些久远,但她们的勇气、一次次关键的选择,却改变了一个家族上百年甚至于更悠远的命运。

3 勇气来自内心的爱

勇气需要爱的滋养。这种爱,来自于你的亲密关系,你的父母、伴侣、亲友;或许,还来自于你对自己"无条件的接纳"。

我的一个学生思旭说："小时候，不论我学习怎么糊里糊涂、考试成绩怎么不理想，我爸都会说，我家婷婷最棒了！"有了老爸的肯定，我的心里一直都是暖暖的、无所畏惧的。可不是么，这十几年来，我目睹着思旭的艰难成长，一点一点拓展业务，不论面对多么繁杂的事情、意外的打击，她都能乐呵呵地面对、勇敢地承担。

"如果我是一条小溪，就要流向沙漠，去滋养一片沙漠。"1997年，云南女子张桂梅在丈夫去世后，离开了睹物思人的"伤心地"大理，来到贫困的小县城华坪，在华坪中心中学任教。20多年来，这条涓涓细流滋养了无数孩子的心田：她当过"华坪儿童福利院"的院长，当了136名孩子的"妈妈"；为了帮助山里的女孩子走出贫困，2002年，张老师萌生念头，想办一所免费的女子高中，经过6年的艰苦努力，2008年，学校终于建成了。随后，2000余名女孩子走出大山、走进了大学。

以勇敢坚毅而闻名于世的美国大法官金斯伯格，提到自己的先生马丁时说："他永远都让我相信，我没有自己想象的那么糟。"她还提到了自己的婆婆，这位睿智的老人在儿子结婚那天悄悄地告诉儿媳妇："偶尔的装聋作哑，会让生活更轻松。"同时还递给她一副耳机。于是，金斯伯格一面是斗志昂扬的女权斗士，另一面则是温和谦恭的妻子和母亲。

勇气来自"觉醒体验"

最后，我们的勇气来自于"向死而生"的觉醒体验。那么，在我们平淡的生活中去哪里寻找这些"觉醒体验"呢？一些重大的生活事件会是我们的好老师，比如，丧失了身边亲爱的人，患有危及生命的疾病，亲密关系的破裂，子女离开家庭（面临"空巢期"），遭遇了重大创伤，比如，火灾、强奸、抢劫，等等；还有一些重要的生命里程碑，比如50岁、60岁、70岁、80岁等。

一天，我的好友佳雯有些落寞，她发来一段微信：人生啊，收尾就这点事——

1、固定资产盘点；
2、整理现金、股票、银行卡；
3、整理商业保险、社保；
4、公司收益分配说明；
5、其他联络通道的密码；
6、其他细软物品说明；
7、与我有关的重要人员名录。

佳雯感慨道："忙活了快50年，难道就剩下这点东西吗？"

我问她："你这份清单是留给谁的？""留给家里人的。"

我笑着说："能写出来的，往往是实在的物质。而写不出来的情感、精神等，是留在人们心里的、留在你对这个社会的贡献里的。"

早些年，我曾经读过一本自传《追逐日光》。作者是一位令人羡慕的成功人士、著名会计事务所毕马威的前CEO尤金·奥凯利。在他高速行驶的事业列车前，突然响起了一道刺耳的警笛，"我收到人生的一纸宣判书——真的很幸运，医生说我还能再活3个月。"原本光明的未来，瞬间惨淡下来。"在所剩无几的日子里，我要好好把握住每一分钟。"于是，尤金当机立断，调整了原来的人生计划，写下自己最想做的7件事，比如，完美地结束一段段人际关系：他列出一张"告别名单"，逐一与生命里重要的人道别，或是共进最后一次晚餐，或是在电话里说声感谢，道声珍重；他与自己挚爱的亲人聊天、聆听音乐、享受美食，带着妻子和女儿去自己一直神往的3个城市旅行——布拉格、罗马和威尼斯。最奇妙的是，尤金还精心准备了自己的葬礼——一场洋溢着欢乐气氛的爱尔兰传统葬礼。所爱之人相聚了，所想之事完成了，伴随着最后一抹夕阳，53岁的尤金安心离去。

记得当年看完《追逐日光》一书后，我问自己："如果我只有3个月的时间，我会干什么？"心中一片悲凉，写下了三五件想做的事情，但还是挺不甘心。进入40岁后，我时常问自己："如果今天是此生的最后一天，我对自己的人生遗憾吗？"一个细细的声音冒出来,"还好吧,不太遗憾。我做了自己想做的事情,创业、生孩子,尽管创业创得不怎么样,养孩子也养得马马虎虎,好在还一直在开开心心地学习、写书、教书,有意无意间帮助了很多人。"嗯,那些曾经很羡慕、追求过但没追求到的,比如光环、地位、财富,等等,就放下吧。

"寻找远方的自己,追寻圈外的生活。"这句充满哲理的话出自余秋雨先生。但其实,我们大多数人奔忙在"圈内的生活",固着于"眼前的自己",只有面临着疾病、死亡和丧失,才会激发"觉醒时刻",真正体会到自身的存在。

2022年5月,在我50岁生日的前几天,我结束了25年的婚姻,开启了人生的下半场。放下了看重的面子,化解了心中的愤懑,摆脱了"要为孩子维持一个完整的家"的执念,我平静地走出了"婚姻的围城"。心中除了平静,有恐惧吗?有一些。有伤感吗?怎么会没有,28年的相识、25年的婚姻……占据了我一多半的生命时光。有遗憾吗?会有一些。有感恩吗?当心中的不甘和失落慢慢散去,对他的感恩、对生命的感恩一点点浮现了出来:毕竟,我们有过那么美好的十几年光阴;毕竟,我在亲密关系中有了各种成长。就像生命教练克里斯多福·孟所说:"你的亲密伴侣是来帮助你更加认识自己,进而疗愈你的创伤,找回真正的自己。"

人生最大的勇气在于,看透了世界的真相,依然热爱这个世界。发现人生其实本无意义,但依然在人间创造"属于自己的"意义。

女性
第五大优势：
爱

爱，就是给生命一个支点——或许是你对他人的欣赏和关爱，只是尽力付出，不求回报。或许，是你对生命的接纳和允许。也可能，这个支点是你对一种事物的痴迷，对一段境遇的念念不忘。

1 爱的第一种语言：欣赏

当我们心中有爱时，就有了一双发现有趣、欣赏美好的眼睛。欣赏身边人的流光溢彩，欣赏生命中的诸多美好。

"妈妈，我又想当生物老师，又想当地理老师，那可怎么办呀？"初二时，女儿一度很纠结，因为她的生物老师是一位从国外归来的生物博士，除了做科研、讲课很棒，在平时也很关注、欣赏女儿。而地理老师知识渊博、性格豁达，身为地理课代表的女儿很崇敬他。我一方面心里窃喜，女儿起码有了人生志向；另一方面也假作困惑地点点头，"嗯，是有点左右为难。"忽然，我一拍大腿，大声道："为什么不能两门课都讲呢？没准儿你还能开创出一个新的跨学科领域呢。"女儿先是一愣，然后沉默不语，我估计，我的一席话可能在她的心湖里荡起了一点点涟漪。到了初三，学了几个月化学之后，女儿又兴奋地告诉我，"我想当遗传学家，看看人类这个物种还有什么更大的潜能。"我一笑，乐呵呵地鼓励她："没准儿你的研究成果，能帮我们健健康康地活到120岁'天年'呢。"

生命的美好，在于各种不确定性。女性凭借自身"爱"的能量，不仅能顽强地度过各种不确定性，而且总能从中找到助人的契机——唤醒生命、唤醒奇迹。

顺产的宝宝聪明、性格好，于是，身为妇产科护士的小莉一心想顺产一个健康宝宝。然而，她痛苦地挣扎了10多个小时，胎心监视器发出不间断的报警声，主任医生说："孩子的胎心太快了，得赶紧剖了！"不得已，迅速备皮、打麻药……在呱呱啼哭声中，历经磨难的妈妈和宝宝终于相见了。随后，小莉感慨道："在我们接受新事物的同时，最本能的东西往往被遗忘，比如，自然分娩、母乳喂养、自然育儿等。"于是，她毅然加入了"盐妈网"，成为一位兼职培训师，推广自然分娩，陪伴新妈妈们度过这段艰难时光——其中有焦虑、有辛苦、有惶恐、有憧憬，但这都是生命中美好的彩虹。

2 爱的第二种语言：接纳和允许

接纳什么呢？接纳各种不测。生老病死、职业生涯的起伏、亲密关系的动荡，人生何处不风雨。当风雨来临时，静静地面对它、应对它。允许每一种生命，按照自己的本性和节奏自在地成长。

我们从一部奥斯卡获奖影片《美丽心灵》中来体验一段爱的历程。在影片中，数学天才约翰·纳什，第一次与艾西莉亚搭讪，讷讷半天，居然冒出了一句："我想和你上床。"在他的世界里，一切问题都能用单刀直入的逻辑思维来解决。

随后，纳什靠着27页的博弈理论，在经济、军事等领域产生了深远的影响。极度渴望成功的纳什陷入了精神分裂：白天，他幻想着参与秘密事业，夜里辗转难眠，惊恐于间谍的暗杀；甚至于，他把孩子扔进浴缸，几乎溺死了他……

终于，精神分裂的纳什被送入了精神病院。几年后，艾西莉亚接丈夫回家。面对着昔日神采飞扬的才子，如今痴呆而迟缓的病人，艾西莉亚淡淡地说："这就是生活，会发生各种可能，但我们还是要为它赋予意义。"于是，她默默陪伴着丈夫25年，爱他、支持他……看似荒芜的"亲密花园",终于又长出了娇艳的花朵:纳什慢慢恢复神志,深入研究博弈论,最终,获得诺贝尔奖和"数学界的诺贝尔奖"——阿贝尔奖。

在诺贝尔奖的颁奖典礼上,纳什凝视着妻子缓缓道来:"我终生追求,逻辑到底是什么?最终,我找到了一生中最重要的发现:只有在神秘的爱情方程式中,才能觅得逻辑的根源。今晚,我能在站在这里,全是你的功劳。你是我成功的因素,也是唯一的因素。谢谢你!"闻此言,几乎所有的人都潸然泪下。

M. 斯科特·派克在他的著作《少有人走的路:心智成熟的旅程》第二册中,针对"依赖性"做了深刻的描述。在这个世界上,没有人心甘情愿成为别人的累赘,成为别人累赘的人往往会陷入深深的自卑和抑郁。但有趣的是,在这个世界上却有很多人"愿意"让别人成为自己的累赘。他们不辞辛苦,想方设法让别人依赖自己,从别人的依赖中,他们能获得极大的满足。虽然这些心理和行为很像爱,但却不是爱,而是——恶。

可见,爱,不是你依赖我,或者我依赖你,而是两个人若即若离的"双人舞",既需要彼此亲密,也需要爱的双方有独立的人格、自由的空间,然后一起去创造我们的生活。

《醒来的女性》一书中提到,真正的女性独立既不是放弃婚姻,也不是跟男性一争高低、死磕到底。女性独立的关键点在于:其一,经济的独立自主;其二,两性之间的相互理解。在亲密关系中,不论经历哪个阶段的风雨,请你记得问自己——

"我想要什么?"

"你想要什么?"

"我们想要什么?"

"我们选择做什么?"

3 爱的第三种语言：感恩

感恩各种人生际遇。现在，请你穿越记忆的隧道，看看在你的生命中遇见的贵人多，还是敌人多？

什么样的人算是"贵人"？著名作家冯唐说得特别好："贵人不是有钱人、有权人，不是遇事帮你摆平事的人，而是在暗夜海洋里点醒方向的'灯塔'一样的人，是你摔断腿之后'拐杖'一样的人，是你不开心的时候'酒'一样的人，是渴了很久之后'水'一样的人。"

有没有这样的贵人，你只见过一面，或者只因一个机缘便被她引入了一个新天地？还有两类贵人——亲密关系中的他（她），以及我们的父母。

父母的有些特质你非常珍视，自然而然会继承。比如，我父亲是一个浪漫而热爱生活的人。他虽然是一个工程师，但是经常唱歌、写日记、练书法，而且在日记本上画了很多钢笔画。而我母亲,是一个非常热情、务实的人。于是,我吸取了父亲的浪漫和母亲的务实。

即便你身上的某些特点跟父母的很不一样,但其实也是从他们身上"间接习得"的。为什么这么说呢?假如,你的母亲脾气暴躁,对你、对家人都非常苛刻,那么,你就会在心里默念:"将来,我绝对不能像母亲这样!"从而你发展出了温和、宽厚等特质。

一次,一个大学生问老师:"您说每个人都受原生家庭的影响非常大,可我觉得我一点儿都不像我的父母!"老师笑着说:"我20岁的时候,也有你这样的想法。后来我才发现:你觉得不像自己的父母,是因为你太年轻,还没有机会像他们!"

假如你在职场上一路走来,总是遇到各色敌人,时时被伤害、四处有风险。那么,我想借用作家张德芬的一句话,轻轻提醒你:"亲爱的,外面没有别人,只有你自己。"这些敌人,或许是你性格中的一部分投射。另外,你的敌人是你最好的导师,因为你为了与他竞争,会使出所有的聪明才智。

感恩,人生境遇中的这两道风景——贵人和敌人。

感恩贵人,他们犹如一轮暖阳,自在照拂,若即若离。

感恩敌人,他们就像一块磨刀石,不断磨砺我们的心性,激发我们的潜能。

章回首

回顾本章时，我的脑海中居然闪现出了"女娲补天"的景象：一位远古时的女神，看到天柱坍塌、洪水猛兽肆虐，她勇敢地挺身而出，开启了宏大的"补天"工程：女神很有创新意识，修炼出五彩石，天空不仅不能有漏洞，还要流淌着绮丽的云霞；她折下神鳌的四足，代替原来的四根天柱撑起四极；女神极有韧性，不辞辛苦地将365块石头一一整齐地补上缺口，将芦灰一点点堆积起来堵塞住了洪水。随后，她头枕着方尺，身躺着准绳，当阴阳之气阻塞不通时，她便给予梳理贯通……天呐，女娲娘娘简直完美地体现了女性的五大优势——创造力、联结力、坚韧力、勇气与爱！

相对于男性的大脑，女性的大脑有三大特质：女性脑的白质是男性的10倍，因此，女性的直觉力和同理心远远高于男性；女性脑的额叶皮层比男性的更大，因此，女性更擅长表达，能更快地做出判断；另外，女性脑的杏仁核比男性的更小，而杏仁核是大脑中加工恐惧和愤怒的脑区。因此，在遇到不同意见和冲突时，男性管理者更容易勃然大怒，而女性管理者则更加淡定，更愿意花时间去探寻和共创。

自然地，女性在创新方面具有独特之处：具有高度的直觉力和同理心，能够细致地感知客户的"心"；女性天然地爱美、分享美，能将"美商"融入产品和情境中；另外，女性的创新不是"独乐乐"，而是"众乐乐"，她们善于激发团队小伙伴的创新思维。

女性的第二大优势，联结力。心理学大师萨提亚女士曾经提到过人生的三层境界：内在和谐、人际和睦、世界和平。女性的联结力首先是从"联结自我"开始的——发现自己的优势，弥补不足；既成事，又成长——我们在每做一件事情的时候，不论成败，都可以从中有所学习，有所感悟，使之变为一种成长的正向资源。

女性的第三大优势，坚韧力。其一，有意义。比如，你能为你所从事的事业"赋予意义"，那么，不论过程中有多少艰辛，你都能坚持得久一些。其二，有意思。一个人不是苦哈哈地坚持一件事、追寻一个方向，而是好奇而兴奋地沉醉其中，既追求结果，更享受过程。

女性的第四大优势，勇气。女性的勇气首先是为自己负责；其次，来自于责任感。常言道：女子本弱，为母则刚。角色变了，生命的力度和厚度都倍增了。第三，勇气来自于内心的爱。这种爱，来自于你的亲密关系，你的父母、伴侣、亲友，或许还来自于你对自己"无条件的接纳"。最后，我们的勇气来自于"向死而生"的觉醒体验。你生命中的一些重要的里程碑，都是激发勇气的好时机。

第五大优势，爱。女性的爱体现在三个方面：其一，欣赏。你能够欣赏自己，也欣赏他人吗？不仅仅是欣赏自己、欣赏他人的进步和成就，更是欣赏一个活生生的人，她的善良、快乐、温暖、侠义、睿智，等等。其二，接纳和允许。你能接纳自己的沉浮、命运的无常吗？你能允许每一个生命按照自己的天性、节奏去自在成长吗？其三，感恩。面对生命中的各种际遇、你遇到的那些贵人或敌人，你有怎样的感恩？

看到这里，你可以觉察一下，在以上五个方面自己有哪几项优势？今后还可以从哪几点有所添加呢？

第二章
女性的三大软肋

女性第一大软肋：自我设限　　070
女性第二大软肋：没有界限　　079
女性第三大软肋：应该思维　　087

女性

第一大软肋：

自我设限

"我可不行！""女人不应该太出风头。""就因为我是女的，所以才被刷下来……"这类嘀咕或抱怨听起来熟悉吗？要么，曾出现在自己的心里；要么，曾经被人喋喋不休地念叨过。自我设限虽然经常体现在言行中，但真正的缘由是埋在心里的"限制性观点"，大约有这三类：

1 我不行，总是看到"自己的不足"

第一类限制性观点——我不行。面对机遇，不敢去争取；面对各种纷争，一味地退让和隐忍。在这一类"我不行"的背后，是对"自我能力"的判断失误，更是对"自我价值感"的不确定。在职场里，女性比男性吃亏的地方在于：男性有 70% 的把握，就自信满满地冲上去了。而女性呢，准备到了 95%，还在自我怀疑、犹豫不决。

其实，胆子是练出来的，自信是一次次打击后"逆生"出来的。当年，我在一家英语机构中练口语，老师一个一个点名让大家上台演讲，时不时冷冷地蹦出一句来："早一天流汗，晚一天流汗，总要流足了汗才能过关。"在一次次面红耳赤、哆嗦着蹦词造句之后，我突破了口语关，彻底打碎了"我不行"的心魔。而且，携着"宜将剩勇追穷寇"的虎虎生气，我在随后的各个重要场合中都抢先发言，给自己带来了不少意外惊喜。

当年进入北大学习 MBA 课程，第一门考试是会计学。我勤勤恳恳地学了一个多月，课余时间还请工商银行会计部的一位同学给我补了几次课，最后居然考了一个 C。"老师，您帮我看看，评分有没有错？"下课后，我谦逊地拉着助教老师询问。"没错，全班就一个 C，我看了两遍试卷。"年轻的助教一脸坚定。绝望之后，我更加认真地学习。然而，我的短板依然很短，后面的金融和财务类课程，我的分数一直游荡在 C 和 B 之间。终于，我迎来了最消耗脑力的一门课，中国经济学大咖林毅夫教授的"中国经济"，有不少师兄曾经提到，这门课上到了下午两点钟大家就脑力匮乏，昏然睡过去了。于是我这个菜鸟，课前认真预习，圈圈点点写了十几页笔记；课间猛灌咖啡，坐在第一排两眼炯炯有神，不落下林老师的每一句话；课后，我再找两三位同学虚心求教。居然，这门课我得了一个宝贵的 A！

在一项关于卡内基梅隆大学硕士毕业生的研究中发现，57%的男生试图跟雇主争取更高的薪酬，而只有 7% 的女生做了同样的事情。或许，女性的脑海中总萦绕着这样的声音："我不够好，没资格要更高的薪酬。""就算我去争取也没戏。"在《人生由我》一书中，作者梅耶·马斯克提到：追求自己想要的东西，没有绝对的"Yes"；但是如果你没有开口，那答案绝对是"No"。

> **小青柑**
>
> 假如，你的心里时常冒出"我不行"的声音，尝试以下两点新思路：
>
> **其一，欣赏"有为"，承认"不足"**。这个次序不能反了，一定要先欣赏和肯定自己，给自己赋能，然后再承认自己的不足，思考着如何改进。比如，"这份报告我做得很用心，数据详尽、版式清爽……嗯，就是晚交了一点，下次注意。""今天分析项目进度时，我比上周的声音大多了。数据么，有几个不太准确。"
>
> **其二，开放地探寻**。"假如，项目管理再高效一些，我还需要做哪些事情？""如果我的老板来参加投标，他会给我什么建议？""现在去专业认证还不行，那么怎样才能行得通呢？"

2 还不行，过于纠结"完美的决策"

在"自我设限"背后的第二个拦路虎是——还不行。这类女性常有"完美主义"倾向，她们的心中有一种定式，"事情应该这样做。""做到这种水平才可以。"在学习中，她们只看到自己"缺失的、不足的"部分，而忽略了自己"拥有的、优秀的"部分。在工作中,她们不爱与领导或相关人士沟通,往往陷在自己的行为或思维模式里,容易走偏方向或耽误时间,被伙伴或领导批评时,她们还满心委屈。

在《身为职场女性:女性事业进阶与领导力提升》一书中,"苛求完美"是女性12个坏习惯中的一种,它会带来三个弊端:其一,给自己和他人带来巨大的压力。其二,专注于细节,而忽视了宏伟蓝图。其三,会形成一种消极的思维模式——总看到不好的方面,总焦虑。

一个脱口秀女演员惟妙惟肖地描述了男女间的这种差别:为什么有些男人那么普通却那么自信?一个女生总考85分以上,却在懊悔自己为什么没有考100分?但一个男生考了40分,却拿着卷子在教室里来回穿梭。我们在忍俊不禁之余,是否反思过:懊悔的女生体现了完美主义的特点,总是看到"自己的不足",不断地自我批判,心中除了懊悔,就是焦虑。我有这样的情况吗?我是经常欣赏自己做到的85分,还是总纠结于自己丢失的15分呢?甚至于,有些女生在得到100分时,依然惴惴不安地想着:下次怎么能继续保持100分?

> **小青柑**
>
> 假如,你经常被"还不行"羁绊着,试着添加以下两点新思路:
>
> 其一,在很多时候,"完成"比"完美"更重要。为什么呢?因为你的时间、能力、资源总是有限的,而

> "成事"或"阶段性成果"往往很重要；还有，环境和目标时常变化，从个人到组织都需要随时调整、不断迭代。
>
> **其二，我自己或许"还不行"，但团队小伙伴在一起群策群力"就很行"。** 走出自己的小圈子，去听听身边人的建议，去整合更多资源，才能在职业通道上快速进阶。一个人的思路和视野是有限的，而团队的创造力是无限的。

3 不愿意，被规条和期待"所限"

自我设限中的第三类限制性观点——不愿意。我们在衡量人才时，经常从能力和意愿这两个维度来看。其实，在很多女性裹足不前的背后，不是能力上"不行"，而是心态上"不愿意"。她们容易按照社会规条去定义"自我"，希望成为世人眼中的"完美女性"。比如，女人生了孩子，就不要在职场上太拼了；女人不要太世俗，要知性、优雅一些；女性管理者要有亲和力，不能太张扬、太有野心了。慢慢地，这些规条就由外而内、逐渐内化，成为许多女性心中的一道道"枷锁"——不愿意出风头，不愿意麻烦别人，不愿意直接表达自己的诉求，希望领导、伙伴或"另一半"看到自己的辛苦贡献，能认可自己、欣赏自己。这些"不愿意"不仅影响了女性的人际关系，也降低了她们职业发展的速度和持续性。美国历史学家乌尔里希有一句名言："循规蹈矩的女人很少创造历史。"

假如，有一些"不愿意"影响了你，你可以深思一下，是你内心真的不想要，还是隐隐地，头脑里有一些"不应该"的规条在束缚你？

"我可不愿意像有些人那样，老在上司面前'刷存在感'。"廖晨不屑地提到几位同事，她在一家互联网公司做产品研发。廖晨的创新能力很棒，但人际关系一般般，总有人说她"高冷"或"孤傲"。

"你的上司怎么了解你的想法和项目进展呢？"我问廖晨。

"老板来问时，我会很简明、清晰地告诉他。我从不会浪费别人的时间。"

"如果老板很忙，你们怎么保持日常交流啊？"我继续问。

"那就等他有事的时候再问我喽。"廖晨不以为然。

"你平时写工作周报吗？这或许能帮你们加强交流。"

"以前我每周写项目进展，但老板基本上没啥反馈，后来我就不写了。"

"工作周报除了汇报项目进展，还可以包括你的想法，或者你需要老板的一些支持。"我顺着廖晨的思路继续说，"即便他没有及时反馈，他也能更早或更准确地知道你的想法，能在关键时刻支持到你。"

"嗯，这也算是一种'刷存在感'吧，不过还好，没那么虚头巴脑。"廖晨笑着说，"下周写起来。"

两个月后，廖晨兴奋地告诉我："老板在管理会上要求大家都写工作周报,还提了一句,廖晨的工作井井有条。现在,他对我的一些新提议很支持,我们在工作中同频了许多。"

假如,你在工作中有一些"不愿意",不妨去尝试一下"我愿意",看看效果如何?如果内心有了美好的体验,头脑中就会打开一道缝儿,吹进一丝清爽的风,萌发出一些新机遇。

> **小青柑**
>
> 上面提到了"自我设限"的三个陷阱——"我不行",对自我能力、自我价值感的怀疑;"还不行",对自我标准、完美主义的执拗;"不愿意",摁住了自我需要,屈就于世俗规条。你体会一下,自己容易掉进哪一个陷阱呢?

4 成长三阶段,"自我设限"各不同

我把职场女性分成女生、女侠和女神"三重境界"。这三种境界不取决于你的年龄,而取决于你的职业素质和心智模式。细细说来:

女生,在心态和专业能力上,要么比较依赖他人,要么经常上下起伏。

女侠，在心态和专业能力上，比较独立和稳定，但往往被他人的需要、组织的期许所束缚，成为慈母、贤妻或职场达人，但往往没有活出自己想要的样子。

而女神呢？她们不仅拥有高品质的专业能力，而且能聆听和跟随"自己的心声"。同时，兼顾他人和组织的期待，善于构建自己的"支持系统"，活出真实而鲜活的自己。

那么，这三类职场女性在"自我设限"方面有何不同？

女生容易被"我不行"吓住，觉得自己的技能和经验太单薄，常常忽略自己的进步和潜力。

女侠往往被"还不行"困住，围着自己划定的"小圈圈"来回绕，觉得离"那个标准"还差一截；或者，不自觉地陷入了"不愿意"的心态，被各种社会规条所束缚。

而女神呢，欣赏自己的"有为"，这次比上次有进步；也接纳自己的"有限"，目前就到这里吧，随后再提高……她们的心中没什么藩篱，既会在自家田里耕耘，有空时也去别人的田里转一转，去看看不同的风景，去采摘一些新鲜蔬菜、瓜果。

日本作家伊坂幸太郎在《金色梦乡》里讲："你知道人类最大的武器是什么吗？是豁出去的决心。"所谓豁出去，就是撕掉身上的所有标签，打破原来的心智模式，去活出自己想要的样子。

女性

第二大软肋：

没有界限

朋友向你借钱,你虽然不太情愿,但还是碍于面子,"不得不"借了。对方没说什么时候还,你也没好意思问。

你的老板要求你24小时开机,而且随时在"钉钉"上钉你一下,连晚饭时都经常打来电话。你虽然一肚子气,但每次还是急匆匆地回复他。

一位大姐住的离公司很远,经常让你帮着完成一项她的早班工作。有一天,你手头的项目很紧,忘了帮她。事后,这位大姐抱怨了你好几次,你好委屈。

你的闺蜜和老公吵翻了,跑来和你诉苦。你听了之后义愤填膺,立刻让她住在自己家里,还打电话给她老公,把他结结实实地数落了一顿。

你手头上的一项工作马上要到最后期限了,这时,团队中的一位关系不错的同事火急火燎地来求你帮忙,你实在是左右为难。

上面这些情境你遇到过吗?你会如何处理呢?其实,这些情境都和"界限感"有关。

前面说到的自我设限,犹如在身边、心里构建了一道道"篱笆","卡住了"自己的能量。而没有界限,犹如在荒野上散步,一片云、一阵风,或是几声呼哨,都能很容易使你"散掉"自己的能量;还有一种没有界限,就像在草原上骑马,由着自己的性子狂奔,不是踩翻了邻居的篱笆,就是冲入了人家的蒙古包,自己的能量"侵害了他人"。

界限感就是清晰地知道什么是你的,什么是我的,区分彼此的权利和责任;心中了然,我会选择什么,不会选择什么。

界限感,不仅在工作中需要,在亲密关系中也需要:你既要关心恋人、爱人,也要尊重对方的隐私;你既要悉心照顾孩子,也不能事事包办,有时,也要狠心让他吃点苦、摔一跤,然后自己学着成长;你和闺蜜可以很亲昵,但在有些事情上也要划清界限。

就像作家周国平在《人与永恒》中提到的:"一切交往都有不可超越的最后界限,这界限是不清晰的,然而又是确定的。一切麻烦和冲突都起于人们无意中想突破这界限。"

不知道你在日常生活中的麻烦和冲突因何而来呢?是你越过了别人的界限,对他人有太多、太高的期待,还是你的心中没有原则,不断被别人逼迫,丧失了自己的界限?一般说来,女性"没有界限"经常体现为这三种形式:其一,常当"滥好人";其二,总想掌控一切;其三,为了别人而活。

1 常当"滥好人"

总想讨好他人,或者把自己当成了"救世主",替他人出头,承担起本不属于自己的责任。在电视剧《欢乐颂》里,樊胜美就是家里的救世主,替哥哥买房,帮家里收拾各种烂摊子。有一天,几乎崩溃的她哭着对妈妈说:"这么多年来,你一直把我当卫生纸,给哥哥擦屁股。"好友曲筱绡冷冷地提醒她:"你们一家人都黏黏糊糊了,你必须跟他们划清界限!"

那么,怎么摆脱"滥好人"的尴尬和无助呢?

其一,清晰界限。朋友之间,不论是借钱、做生意,还是合作项目,虽然感情好,但依然要事先说清楚:原则是什么?时间是多久?底线在哪里?如果一个朋友想借你心爱的一本书,你若是不愿意,可以温和地拒绝:"对不起,这本书不能借。"

其二,坚守界限。如果对方破坏了事先约定的原则,那么你需要让对方承担相应的责任。有些女性吃亏了之后选择息事宁人,"嗨,我不愿跟小人多计较。"当心啊,你的这种应对方式会吸引来类似的小人,引发一次次欺骗或背叛。如果你希望工作和生活尽可能平衡，就不要每一次都立刻接起对方的电话，"秒回"对方的信息，稍等一会儿，为自己创造一种节奏感。

其三，肯定自己。 不必通过讨好别人和承担过多的责任来博得他们的一声赞，"我本来就是足够好的"，要自己欣赏自己、肯定自己；更何况，如果你对别人有求必应，时间久了，有人就会认为"这就是你该尽的义务"，或者"她本来也是闲着"。

2 总想掌控一切

在人际交往中，我们面对亲近的人，往往最容易丧失界限感：因为是情侣，就时常检查对方的微信或通讯录；因为是父母，就随意翻看孩子的日记；因为是好友，我就替你做主了；因为是职场老前辈，我就经常吆喝新人替我干这干那……背后的理由很充分，"因为我爱你""我都是为你好"。村上春树在《挪威的森林》里说过："即使是你最心爱的人，心中也会有一片你无法到达的森林。"

疫情期间，几位朋友喝茶聚会，有一位高效能妈妈阿秋谈到自己的两个女儿，一个上高中，一个上小学，她叹着气说："等什么时候我把她俩安顿好，她们有了稳定的工作、成了家，我才能歇歇。"我听了，心里一紧。要知道，阿秋可是一位单身妈妈，同时还是一个创业者，居然给自己制定了这么长远而艰巨的"家庭任务"。我笑着打趣说："阿秋，你若是这么全力以赴，当心把两个'小棉袄'变成了两件'小背心'。"一旁的朋友不解地问，"啥意思？""管得太多，自己累惨了，孩子也不贴心。"

3 为了别人而活

在生命中，有些女性演好了各种角色：乖女儿、能干的老婆、孝顺的媳妇、操劳的妈妈、靠谱的同事……唯独缺少一个"真实、自在的我"，不会"爱自己"。压抑得久了，委屈地深了，她会质问身边人："为了你们，我放弃了所有的梦想，难道还不够吗？"与其说是别人不断地忽视她、压榨她，不如说是她自己先牺牲了自己，不断挤压自己的时间和需要。

玉茹是个很节俭的人，自己买鞋子，只挑 200 元左右的，但是给儿子买篮球鞋都是一两千元一双。儿子上大学了，玉茹怕他住宿舍不习惯，立即在校园附近租了一个小公寓，让儿子随时有个安静的小空间。一次，我送给玉茹一罐白果椰子粉，让她好好补充营养，结果一转眼，她在微信里告诉儿子，"阿姨送给你一罐白果粉，让你好好补补脑子。"我看了真是哭笑不得。"你为什么总苦着自己呢？儿孙自有儿孙福。"我不太理解玉茹。她有些伤感地说："当初我们离婚时，孩子受了些伤害，我总想着好好补偿孩子。"

我无语了，离婚是两个人的事，为什么那个决然离家的爸爸没什么悔意，倒是这个含辛茹苦的妈妈总有还不完的"心理债"？

有一种"爱的误区"——自我牺牲。不论是相爱中的哪一方对另一方无条件地付出，或是父母为了孩子牺牲了自己的事业，表面看起来这是一种无私的爱，但有时，这种自我牺牲只是为了赢得掌控，或是拥有一种道德上的优越感。在电影《成为简·奥斯汀》中有一段话："不要在任何东西面前失去自我，哪怕是教条，哪怕是别人的目光，哪怕是爱情。"

4 这是"谁的课题"

我们经常苦恼于如何处理好人际关系，最关键的是，你要思考一下，哪些是自己的课题，哪些是别人的课题，冷静地划清界限。如何区分这是谁的课题？有一个简单的准则：这件事的直接后果由谁来承担。比如，选择自己认为最好的道路，选择是否听从父母的建议，这是年轻人自己的课题。父母可以对孩子的职业发展提出建议，但面对孩子的决定如何反应，如何处理自己的情绪，则是父母自己的课题。

有一则耐人寻味的谚语：你可以把马儿带到水边，但不能强迫它喝水。试想一想，如果马儿到了河边依然不喝水，你会有什么反应？你或许会好奇，它跑了这么久，为什么不渴；你可以轻轻地拍打马儿的头，捧一点清水喂它喝；你也可以痛骂它：我千辛万苦地带你找到了水，你却不喝。

我们在很多人际关系的纠缠中，经常忘了区分这是"我的课题"还是"你的课题"。请记住，要想缔结良好的人际关系，我们需要保持好"界限感"，我承担我的责任，但是不干涉你的选择。越是在关系紧密的人际关系中，越要当心。

最好的界限感是一种"爱与自由"的状态。我们既有联结，也给予对方"自由"，为"各自的生命"负责。萨提亚女士的一首小诗《我和你的目标》，生动地诠释了在亲密关系中的界限感——

我和你的目标

我想爱你而不用抓住你，
欣赏你而不须批判你，
和你同参与而不会伤害你，
邀请你而不必强求你，
离开你亦无须言歉疚，
批评你但并非责备你，
并且，帮助你而没有半点看低你，
那么，我俩的相会就是真诚的，而且能彼此润泽。

女性
第三大软肋：
应该思维

在《荷马史诗》中，英雄奥德赛遇到一个妖怪，它有一张床，见到每个路过的人，它都会把路人抓到床上躺下，然后严格按照床的长度，将路人或锯短或拉长……你想过吗，应该思维，就像我们大脑里"妖怪的床"，它不顾一个个鲜活的人、一件件复杂的事，只是按着自己固定的尺寸一刀切下。结果呢？要么是自己总失望、愤懑、委屈，要么就是身边的人不堪重负、不厌其烦，与你渐行渐远。你听听，这些声音熟不熟悉："你应该早一点汇报，为什么拖到现在？""你早就该听我的，跟那个人断绝来往。""领导应该看到我的努力啊！""你们部门应该早一点提交需求，不要总是搞得我们手忙脚乱的。"几乎所有的消极情绪、激烈对抗的背后都有"应该思维"的影子。

细细探寻，应该思维可以分成三类：一类是指向别人的，"你应该怎样""他们应该怎样"；一类是指向世界，"事情应该如何""按道理应该……"；还有一类是指向自己的，"我应该怎么样"。说到这里，请你觉察一下：我经常冒出哪些"应该思维"？是对别人的，对事情的，还是对自己的？

1 对他人的应该思维

当我们在脑海中、言谈举止中冒出对他人的各种"应该思维"时，其心理动力大概有这几种：

其一，自以为是。当我们指点他人"你应该这样做、应该那样想"时，背后蕴含的意思是：我比你见识多、经验丰富，或者更直接一点，我就是比你"地位高"，你得听我的。若是这样，被"应该思维"牵着的那一方怎么会愿意亲近你，或是真心实意地听你的。

管理者 Jenny 笑着自我反思，女性在家里指挥老公、指挥孩子惯了，带团队时就习惯于告诉别人"你应该这么做，应该那么干。"我经常告诫自己，不要太唠叨，不要太多地指手画脚，要给员工充分的思考空间和选择权。

其二，自我投射。父母痛心疾首地教育孩子，"你应该勤奋一点，才能考上好大学。"你不厌其烦地规劝朋友，"你既然在单位里那么憋屈，就应该赶紧跳槽。"我也经常鼓励朋友，"你的想法很好，应该多写写，今后能出一本书呢。"这些良善的、向上的"应该思维"看似是鼓励他人不断精进，但究其根本，是把"对自己的期许"放在了别人身上——是我有点遗憾,当年不怎么勤奋、没考上大学;是我有点蠢蠢欲动,想去外面的世界看一看;也是我想写作出书、名留青史。当我们把"应该思维"一遍遍念给对方听时,自己内心的焦虑和遗憾似乎就少了一些。

其三,操控他人。现如今,有一种很恶劣的社会现象——PUA,一方通过精神打压来操控对方。其实,在职场、校园、家庭和亲密关系中都不乏 PUA 的影子。上司批评下属:"你总是犯这么低级的错误,真应该长长脑子!""你应该经常反省一下,自己还有哪些不足?"父母总是拿自己的孩子和别人家的孩子比,"你就应该像王思雨那样,稳稳重重的。""才考了 85 分就骄傲了,你看人家刘旭总是 90 多分。你应该对自己要求高一点!"在一个又一个的"应该"后面,暗含着"你总是让人失望""你不够好",一个人的自我价值感怎么经得起一次次的贬低?

> **小青柑**
>
> 其实,我们每个人都有一大堆对他人的"应该思维",期待别人按着自己的规则去行事,然而却总是失望。那么,觉察到了对他人的"应该思维"后,该如何转化呢?
>
> **其一,放下对身边人的期待。** 没什么人是"应该的",一来,他不是"必须"要满足你的期待;二来,他也"不可能"总是满足你的期待。他会变,你不是也在变吗?
>
> **其二,接纳世事的变幻。** 没有什么人、什么事"应

> 该如此""一直这样"。缘起,合适的人在合适的时机完成了一件事。万事万物没有"应该那样",只是"本该如此"。

2 对世界的应该思维

世界上没有什么是"应该的",你曾经以为的"应该",只是一种熟悉;你曾经遇到过的"应该",或许是一种福气,有人在替你遮风挡雨;或许是一些福祉,是前行者不断探索、持续努力的结果。正如人们常说的,所谓的岁月静好,不过是有人在替我们负重前行。

余秋雨先生在《千年一叹》中写道,穿过重重战火,踏过当年几大文明古国的所在地,他一直以为"本该就有"的生活要素:清洁的饮用水、整洁的街道、和平的环境,乃至于生活中大大小小的秩序,在那里就没有"应该"的痕迹。"从新德里向东南方向行驶200多公里到阿格拉,去看泰姬陵。阿拉格这座城市杂乱拥挤,仍然是满街的小贩和乞丐,满地垃圾和尘土,闹哄哄地搅得人心烦躁。""来到伊拉克的巴格达,一条平静而充沛的大河,那是全人类文明的母亲河——底格里斯河……但是,极度辉煌的古代文明和极度优越的自然条件,在这儿全都变成了反面文章。现在,连世界上最贫瘠地区的人们,也在深深同情着这个'富得冒油'的地方。"

> **小青柑**
>
> 多多少少,我们对于世界都有一些"应该思维",或许是因为我们身处的环境比较安稳,没什么乱飞的"黑天鹅";或许是因为有人替我们承受了外界的风雨,创造了一个有限的"舒适圈"。但是,当我们要走向远方,去迎接更多的挑战时,如何面对这些看待世界的"应该思维"呢?
>
> **其一,调焦。** 我的镜头要不断调焦,去看清这个"真实的世界";而不是这个"真实的世界"被扭曲地呈现在我的画笔下,"应该成那样"。我们出发去探险人生,需要的是高清晰度的照片,而不是玄幻的油画。
>
> **其二,打个样。** 有时候,我们再努力调焦,也无法成像。怎么办?自己去努努力,打个样!自己去做一些贡献,去靠近心中"理想的世界"。

"这个世界应该男女平等。"这是许多人的美好愿望,但现实的世界里,男女就是不平等。怎么办?"如果我们想得到尊重,在这个世界还不习惯尊重我们的时候,我们必须尽力承担和付出,须知信任和尊重是讨要不来的,吵闹也无济于事,只能自己去赢得。"说这段话的是央视《半边天》节目的主持人张越,这档创立于1994年的女性栏目,其探讨的一些话题在今天依然具有现实意义。比如,全职太太的权利、产后抑郁症、女性就业的新挑战、老年妇女处境堪忧、非婚生子的权利,等等。这个世界上没有什么是应该的,如果我们希望岁月静好,那就每个人都负重一点,努力前行吧。

3 对自己的应该思维

对自己的那些"应该思维",有的是为了满足他人的期待,有的则是自己真心想要的。感受一下它们的不同——

"我应该多看一些中国传统经典书籍,这样就能和大家有共同话题了。"

"我想多看一些中国传统经典书籍,从中多吸收一点历史和艺术的滋养。"

"在公众场合,我应该多倾听、少发言,这样才能显得成熟稳重。"

"在公众场合,我应该多倾听、多提问,这样才能有更多的收获。"

当你面对人生的各种选择时,时常会面临"我应该"与"我想要"的冲突。其实,这一系列冲突都与"你生命中的大事"密切相关。那么,"你生命中的大事"是什么呢?就是发挥自己的天赋,成为真正的自己,而不是成为别人。

一首名为《薄伽梵歌》的哲学诗歌,生动地展示了做"应该的自我"与"真实的自我"之间的角逐。勇士阿朱那在战场上严阵以待,战事一触即发。然而,当他瞭望敌方的阵营时,却看到亲友们正在敌营中与自己对阵。见此情景,阿朱那痛苦地犹豫不决:是战斗还是退却?是让他们杀死自己,还是自己杀死他们?在友人克利须那的开导下,最终,阿朱那坚决地走上了战场。

这是一个很深刻的隐喻。想一想,你在人生中经历过哪些纠结时刻?你是如何选择的?有时,当我们想跟随自己的天赋、内心去追寻时,忽然发现,我们的父母、亲戚还有朋友都站在了自己的对立面,告诫自己"应该成为那样的人"。在最纠结的时候,恰恰是你人生最关键的时刻。此刻,听从内心的声音,做出自己的选择吧。人生是选择出来的,你有什么样的选择,就有什么样的人生。即便你什么都不选,也是一种"消极的选择"。

席慕蓉在《独白》中曾感慨道:"在一回首间,才忽然发现,原来,我一生的种种努力,不过只为了周遭的人对我满意而已。为了博得他人的称许与微笑,我战战兢兢地将自己套入所有的模式所有的桎梏。走到途中才忽然发现,我只剩下一副模糊的面目,和一条不能回头的路。"

是时候了,将"应该思维"从自己的脖子上松一松。"我应该"是被迫的,让别人的期待、让某种规则成了自己的"主人"。而"我想要"是主动的,我是自己的"主人",我为自己的选择负责。有两部反映亲情的电影《我的姐姐》和《奇迹·笨小孩》,深刻地诠释了"我应该"与"我想要"这两种能量的差异。

第二章
女性的三大软肋

因为父母车祸去世，23岁刚刚参加工作的安然突然多了一个重担："你应该抚养弟弟"，弟弟才5岁，所有的亲戚都认为这是姐姐理应承担的责任。然而，安然很早就离开家了，她和这个弟弟根本就没见过几面。还有，安然对这个家没什么感情。当年父母为了生个男孩，让她装瘸子。当工作人员来考察时，因为安然穿着裙子跳舞，破坏了爸爸的计划，她被爸爸一顿毒打。安然的内心一直纠结着、摇摆着，"我应该照顾弟弟吗？""我不想为了他，搭上自己的后半辈子。"

随着姐弟俩慢慢地相处，他们的关系一天天拉近，然而，他们毕竟要分离了。那一天，当领养弟弟的夫妇俩要求安然签署一份协议，约定她此生再也不要来看弟弟，不要打扰他的生活。顶着那张协议，再看看弟弟小小的身体，安然握笔的手一直颤抖着，总也落不下来……最终，她把笔拍在桌子上，大声喊道："安子恒，我们走！"此刻，安然的内心经历了巨大转变，她放下了"你应该"的责任，选择了"我想要"的亲情。

因为妹妹患有先天性心脏病，父亲抛妻弃子，母亲也在操劳中离开人世，20岁的景浩带着6岁的妹妹在深圳艰难度日。更大的挑战是，妹妹要在8岁前做心脏病手术，否则……"我要给妹妹治病，两年内攒够30万元手术费！"这是景浩最强劲的动力。于是，他一个人拼命、带着一群人拼搏：白天置身几十米高空做清洗大楼的"蜘蛛人"、晚上和小伙伴们拆手机元器件，不仅要面对地痞流氓和窃贼的骚扰，还要面对商业竞争中的各种打击。他20岁的身姿本该挺拔，却在生活的重压下经常佝偻着。然而，一身伤病的景浩始终坚持、不断奔跑着，因为他的心中有一个美好的愿望：治好妹妹的心脏病,让她活得好好的。就这样,"奇迹"一次次发生:哥哥的事业成功了,妹妹的身体康复了,小伙伴们的人生也发生了逆转。更让人感动的是,这个"笨小孩"的故事是真实的。

对自己的那些"应该思维",有的是为了满足他人的期待,有的则是自己真心想要的,那么,如何找到后者呢?

其一,觉察一下。当脑海中冒出"我应该"时,请你暂停一下,琢磨琢磨:这个念头是别人的期待,还是"我内心真的想要"?

其二,包容一下。即便是"我真的想要",也可以给自己多一点灵活度,把"我应该"转换成"我想要""我希望"。比如,"在年底前,我应该读完三本心理学专著。"感觉一下子好有压力!假如转换成"在年底前,我希望读完三本心理学专著。"心里就轻松了许多吧。

4 驾驭心中的大象

在禅宗里,以"狂象""醉象"来比喻妄心,也就是说,我们那颗妄想的心,像一头狂乱的大象,像一头喝醉了酒的大象。而在莎士比亚的笔下,他用"骑士"来比喻有意识的理智。积极心理学家海特就用象与骑象人,来比喻桀骜不驯的"心"和沉稳冷静的"智"。我们的"心"是一头放任的大象——我想要、我就要,而我们的"智"是理性的骑象人——你应该,他们往往意见相左,各行其是……

我发现,"迈开腿"和"管住嘴"是一对双胞胎;而"刷爽剧"和"吃垃圾食品"则是另一对难兄难弟。当你一脸汗水、满身疲惫走出健身房时,一般是不会大吃大喝的。为什么呢?一来,你刚刚运动完,大脑中释放着多巴胺,全身洋溢着成就感,压根就想不到吃;二来,让一块巧克力或奶油蛋糕就废掉了刚才几十分钟的辛苦,你实在有些不甘心。于是,在大多数情况下,只要你能"迈开腿",大概率会"管住嘴",吃得清淡、吃得少。然而,如果你是在看网剧或刷视频,心中无比激荡,嘴里也清静不下来。一个周六的下午,我决定轻松一下,刷了网剧《庆余年》,结果一个下午加一个晚上,消耗掉了五六种零食,从蓝莓曲奇、怪味花生、焦糖瓜子、麻辣小麻花,到意大利气泡白葡萄酒……半夜12点40分的时候,我一边洗盘子、涮杯子,一边深深地自我谴责,严厉地规劝自己:"嗯,你应该自律一些,明早应该去健身房。"但经常是,第二天一早迷迷糊糊地醒来,我早忘记了昨天的自律宣言。

> 那么,我们如何驾驭心中那头一路狂奔的大象呢?
>
> **其一,避开刺激源。** 比如,不看电视剧。因为一看电视,就会想着吃零食,两种刺激就像一对双胞胎。再比

小青柑

如，少聚会，人一多、心情一放松，吃喝自然不惧。"吃饱了才有劲减肥"，一定是朋友对你的宽慰之词。那么，请离开各种刺激源，千万不要考验自己的意志力，想想感性的"大象"和理性的"骑象人"，两者的体格有多大的差异！

其二，创造新体验。让每一次行为的改变，都带来一点点情感的美好体验。比如，创造一种新的阅读环境：点燃一支檀香，泡上一壶清茶，端坐在书桌前读书，告别"被窝趴式""沙发卧式"的看书模样。慢慢地，你的身体会告诉你，哪一种方式更惬意。淡化干巴巴的说教，创造美好的体验，请记得大象喜欢"当下的快乐"，不在意"未来的好处"。

其三，增加灵活度。"你应该""我应该"思维就像一张尺寸不变的"妖怪的床"，弄得自己痛苦、别人避之不及。增加一些灵活度，有时放纵一下、偷懒一会儿，温柔地接纳自己，然后温馨地提醒一声："明天咱们重新回来啊。"想一想，当我们小时候犯了错、考砸了，最希望父母怎么样？接纳自己、鼓励自己，"没关系，咱们下一次努力。"

5 放下尖利的"粉笔头"

玉琳一路走来都是班上学霸、职场精英、人生强者,举手投足间,似乎每一个毛孔中都散发出一种声音,"我是对的,你们应该听我的"。玉琳特别苦恼的是,在职场上一帆风顺,但在家里她却孤家寡人,丈夫和女儿都跟她很有距离感。"我在外面拼死拼活的,不都是为了这个家吗?"玉琳特别委屈。听完她的一番抱怨,我忽然想起了在电影《嗝嗝老师》中,嗝嗝老师给全年级最差的一个班上课,她用一支尖尖的粉笔在黑板上划出一条长长的线,这支粉笔发出了刺耳的声音,孩子们一脸厌恶地捂起了耳朵。于是,嗝嗝老师转过身来说:"看,你们就像这支粉笔,只是对生活尖叫。其实,你们需要做的只是一点点改变。"于是,她轻轻地掰去一点粉笔头,这次,她在黑板上画线、写字就完全没有刺耳的声音了。

尖利的粉笔头——我们每个人多少都有些,它或许是犀利的言辞,或许是一个冷冷的眼神、一个不屑的嘲笑,但更隐蔽的,是我们一直深信不疑的"应该思维"——你应该这样,我应该这样,事情就应该……当尖利的粉笔头刺向自己、他人或社会时,不论画出多长的线,那种尖利的噪音都会在自己和别人的心中久久回荡。

> **小青柑**
>
> 那么，如何掰去一点粉笔头呢？试试这三种小技巧吧。
>
> 其一，回应慢一点。人在压力下，最先启动的是本能脑和情绪脑，冒出一系列自我保护的解释："危险，快逃！""时间这么紧，他应该来助我一臂之力……"人出于本能的生存考虑，往往容易夸大危险或扭曲事实。所以，慢一点回应，在情绪浪潮涌起时，让理性思维也参与其中，"稍等，我再观察一下""他没来，是不是遇到什么意外了？"
>
> 其二，思维宽一点。当我们在过往的经历中形成了"应该思维"后，遇到问题，自动地就会蹦出一种应对方式。试着拓宽一下思维：假如还有第二种或是第三种方法，会是什么呢？这样，我们在与他人交流时，就会形成更广的交集。
>
> 其三，笑容多一点，声调低一点。在人际沟通中，有一个"55387"原则，即你说话时对他人的影响力，55%来自于你的肢体语言，比如，你灿烂的微笑、真诚的眼神、微微前倾认真倾听的模样；38%来自于你的语音、语速和语调；最后，你精心思考、整理的内容只占7%的影响力。当你的眼神柔和起来，面庞浮起了微笑，你心中的"应该思维"也会柔软起来，容易生长出新的嫩芽。

有人经常笑着说,千万不要跟妻子吵架,她们是天生的历史学家和哲学家,一来记忆力极强,过去的鸡毛蒜皮都能记得,各种细节清晰无误;二来,她们旁征博引、层层说理,最后总能证明"我是对的,你是错的""就应该这样!"对啊,我们前面提到了,女性大脑的优势就在于记忆力和辩驳力。然而,物极必反,女性的"应该思维"也特别容易泛滥成灾,所以,我们要有所觉察、有所调整。

章回首

自我设限、没有界限和应该思维,看到女性的这三大软肋,我的脑海中浮现出了许多长长短短的绳子:

自我设限——我把自己圈在了一个又一个阴暗的角落里,总是悲苦地嘀咕:"我不行""还不行""女人怎么能那样呢?我可不愿意……"其实,没有别人捆绑你,是你自己在捆绑自己,或者,是你在过往的生命中曾经被捆绑过。但如今,你是自由的、美好的,你可以仰望蓝天、沐浴光华,尽情地绽放。

没有界限——别人的期待、请求变成了一根根"无形的绳子",我被拖着,疲于奔命当"滥好人";或是被困在一个个僵化的"套子"里,成为大家口中的"好女儿""好太太""好妈妈"。在各种角色的重压下,那个鲜活而真实的"自我"僵住了、迷失了。你可以的,有时拖着绳子,拉着行李,负重前行;有时甩开绳子自由奔跑。没有界限的一种表现是委屈自己,另一种表现则是操控他人——我挥舞着长长的绳子,套在我所爱的人、看重的人身上,因为这样很安全,因为我爱他们,希望他们活出我心目中最好的样子。将心比心,谁愿意脖子上套着别人的绳子呢?

应该思维——我还是有一根固定尺寸的绳子，按照"妖怪的床"去衡量、削砍"不合适的人"以及"不合理的世界"。然而，世界不是运转在我的绳子圈里；而是，我需要调整绳子的长度，有时候，甚至完全抛下绳子，奔向那个热腾腾的生活。

看到这里，你可以觉察一下，在以上三个"思维软肋"中，你特别容易陷入哪一种？有了觉察，就是改变的开始，今后你需要如何调整呢？

3

第三章
五色职场，诸多美好

五色职场 1　蓝色：职业经理人　　111
五色职场 2　粉色：斜杠青年　　　124
五色职场 3　绿色：自由职业者　　134
五色职场 4　橙色：合伙人　　　　143
五色职场 5　红色：创业者　　　　152

王国维先生提到，古今之成大事业、大学问者，必经过三重之境界。其实，我们在职业发展中的寻寻觅觅又何尝不是如此呢？

第一重境界："昨夜西风凋碧树，独上高楼，望尽天涯路。"我们对熟悉的领域厌倦了，自己在职场中遇到了"玻璃天花板"或是被边缘化了，想要转换赛道，进入新领域，但是，那片"绿洲"在哪里呢？想了又想，望了又望，似乎都看不清前面的道路。

第二重境界："衣带渐宽终不悔，为伊消得人憔悴。"你终于发现了一个让自己怦然心动、无比热爱的领域。或许，别人觉得这个领域钱少活多、没什么前途，但自己沉醉其中，两眼亮晶晶！一如我十几年前一下子闯入了心理学的世界，没日没夜地学习、演练、分享，见到一个人就和他大谈特谈萨提亚、埃里克森，经常收获的是疑惑的眼神和无奈的微笑。

第三重境界："众里寻他千百度，蓦然回首，那人却在灯火阑珊处。"此时，你心神安定下来，沿着自己认可的方向慢慢前行，不论别人称赞几许、怀疑几分，心中满溢着平静与喜悦。"七年就是一辈子"，当你在一个领域中全心全意地耕耘几年，吃得了苦、耐得住寂寞，总会觅得自己的一方天地。

《人间值得》一书的作者中村恒子老奶奶是一位90多岁的心理医生，每周还出诊4天，给患者做心理咨询。她那朴实的语言犹如纤细的烛光，柔柔地、暖暖地照拂着人心："人生不必太用力，坦率地接受每一天，过好每一天。""不要把自我价值全部建立在工作上，带着'为身边人略尽绵力'的想法去工作，或许会更好。"

当我们为了幸福不断地索取，忙忙碌碌的时候，我会想到我的老师约翰·贝曼曾经提到过一种最高的境界——无理由的幸福。幸福不需要理由，无关乎外在的财富、成就或他人的赞赏，而是来自内心的平和与自在。

如果，我们能怀着这样的心态：过好每一天，每一天做好自己分内的事，在学识、技能或是心性上有一点精进，那么，我们无论以怎样的方式谋生活，都会心中坦然。正如稻盛和夫先生所说："人生的意义是什么？提升心性，磨炼灵魂。在死的时候，让自己的灵魂比生的时候更纯洁一点。"

事上磨，是最好的修行。人世间的各种职业形态，按照"自由度"和"责任感"来分，虽然略有不同，但都是我们提升心性、磨炼灵魂的不二法门。下面，我就把五种典型的职场形态做一番梳理（参见下图）。

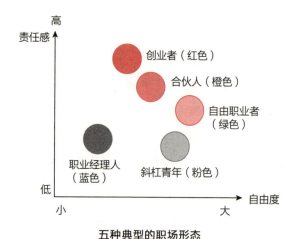

五种典型的职场形态

其一，职业经理人，是一种严谨的"蓝色"能量。自由度较小、责任感严谨，你得沿着组织内的岗位职责和KPI考核指标一层层奋进。好处是，你在固定的赛道上奔跑，心里比较踏实；不好的是，你要随时担心上司的挑剔、竞争对手的挤压，以及"后浪们"的紧逼。如今，"35+"成为职业经理人的一道关卡。

其二，斜杠青年，有一种浪漫的"粉色"能量。自由度很大，责任感随意，你在一份稳定的工作之外，又开辟了一片"自留地"，耕种自己喜欢的"花花草草"。一来，你能从中稍作喘息，添加一些新技能，补充一下心理能量；二来，说不准哪一天，你的某项爱好就会成为一个新的职业机遇。

其三，自由职业者，洋溢着生机勃勃的"绿色"能量。自由度最大、责任感也相当大。看似轻松随意，但其实，你是"我公司"

的 CEO——定位自己的发展方向、打造自己的比较优势、拓展未知的发展空间、保持终身学习……在"自由"的水波下，是"自律"的双脚不停地扑腾着。

其四，合伙人，有一种热腾腾的"橙色"能量。我曾经写过一本《创业经理人》，说的就是创业时"合伙人"的状态，既要有职业经理人的专业能力，又要具备创业者的雄心壮志和拼搏精神。所以，合伙人不仅意愿要强、心力要久，还得具备深厚的同理心和包容心，着实不容易。

其五，创业者，是一种激情四射的"红色"能量。这类职业形态看似自在而风光，但其实自由度没那么大、责任感却极高。因为，你要为一个团队负责、为信任你的投资人负责，从一片迷茫中蹚出一条发展之路，所以，你不得不孤胆前行、不得不咬牙坚持。有时候，你还会在濒临崩溃之际扪心自问，"我当初为什么创业？""我为何还要坚持下去？"

回顾我近 30 年的职业生涯，上面五种职业生态都经历过：大学一毕业，我先是在一家事业单位里勤奋而自在地奋斗了 6 年；然后，跳槽到一家跨国咨询公司，在重压下顽强生存、艰难发展了 6 年。当了 12 年的职业经理人后，我似乎有些不知天高地厚了。在读完 MBA 后，我跟随几位"忘年交"去创业，毅然丢下了风光的外企光环、诱人的高薪酬。折腾了一年多之后，我蓦然发现，自己无论是能力、经验，还是坚韧力、商业嗅觉，都不足以担当一个合伙人，更不必说"创业者"了！于是，在后来的几年里，我灰溜溜地按住了自己的野心，慢慢寻找新的"斜杠"路径，认真学习心理学、用心写博客、公众号，时不常地办个沙龙分享一个主题……慢慢地，我进入了企业培训领域，逐渐清晰了自己的定位——心理资本和领导力，长成了一株有些创新力的"杂交水稻"。然后，我跟随着兴趣继续尝试：写书、录制音频节目、短视频、设计各种网课。不知不觉间，我成了一个妥妥的自由职业者，有时心中灿然、自在而优游，有时也会泛起一点点焦虑。

五色职场 1
蓝色：
职业经理人

职业经理人最核心的就是要具备"专业能力"。他应具备三种素质：第一，他做的事情很有品质；第二，他做事始终保持在高品质的水准上，而不是时好时坏；第三，有些事情就算他不太熟悉，但也能够通过直觉力或专业能力，快速找到问题的症结，提出解决方案。

有这样一个案例。一支消防队冲入一座房屋，屋子里的厨房着火了，他们刚开始用水管浇厨房，指挥官突然大喊道："全部撤离！"其实，他自己也不知道为何这样做，在消防员全部撤离的一刹那，厨房的地板轰然塌陷。事后，指挥官才回想起自己意识到这场火并不大，但他的耳朵烤得慌。于是，对危险的"第六感"闪进他的脑海，虽然他不知道哪里不对劲儿，但他知道情况不妙，于是命令大家迅速撤离。后来人们才知道，这场火灾的火源根本不在厨房，而是消防员脚下的地下室。

消防员、医生、护士、运动员、飞行员等职业，面对的都是复杂但却基本有序的情境。因此，经过多年的磨炼，他们不仅拥有了娴熟的专业技能，而且慢慢升华出了一种敏锐的直觉力，在关键或紧急时刻能发挥巨大作用。

从20岁出头步入职场到50多岁离开，在30多年职业经理人的生涯中，我认为最重要的就是兢兢业业地筑好你的职业"护城墙",不断打造你的专业能力和素质。曾国藩说得很传神,"扎硬寨、打呆仗",容不得一丝一毫的偷懒。

1 修筑"护城墙"

你的"护城墙"就是你的专业能力和素质,需要日积月累地修筑。在《专业主义》一书中,日本管理大师大前研一先生提出,"专业主义"包括六大要素:

其一,讲求伦理。英语中"职业"一词的拉丁词源本是"professus",意思是向上帝发誓,以此为职业。正如,医护人员要救死扶伤,对人的生命负责,法官要匡扶正义,律师要捍卫权利,教育者要博爱育人。用一句通俗的话说,就是"干什么,就要有干什么的样子"。

其二,遵守纪律。要培养自己的自律性,比如,准时、守信、做事有始有终。说起团伙与团队,你的脑海里马上会浮现出两类不同的人群吧。团伙,即一伙人为了某种利益或目的,一呼就来,干完就散。而团队,则是一批人有清晰的目标、合理的分工与协作,按照时间、标准、流程去完成一项任务。

其三,客户第一。如今,我们不仅要考虑自己的客户,还要通过考虑客户的客户，从而为我们的直接客户提供更独特的价值。我们要经常问自己：客户的痛点是什么？客户最希望突破的是什么？我们还能多做一点什么？在哪个环节还能做得更好一点？

比如，我的一个学生帆帆经营着一家人力资源公司，主要为服务行业的客户提供人才外包，包括餐饮、家政、保安等行业。2021年疫情期间，许多餐饮公司倒闭，家政行业波动也很大，帆帆很苦恼。我问她："你的客户现在最关心的是哪两类问题？"她说："一类是如何降低用工成本，还有一类就是如何能在业务好转时快速招到人。"我建议她就聚焦在这两大痛点上，看看还能尝试哪些新法子，比如，社群营销、联合招聘、灵活用工、与职业技术学校联合招生等。或者，还可以和客户深入探讨一下，他们未来的发展思路是什么？需要配置怎样的人力资源？这样就能做到心中有一盘棋，提前布局。

其四，不断提升专业知识和技能。大前研一先生在书中坦言，"不断学习、乐此不疲。对能够称之为'专家'的人而言，是不存在退休这个概念的。"

作为一个身兼事业和家庭的职场女性，最缺的就是时间。可是，无论怎么忙，都要给自己的成长"预留"一点空间。否则，你总是有紧急的事情扑来、有许多人的期待抛过来。所以，你要像"吝啬鬼"葛朗台一样用心，数出最宝贵的一段时间，郑重地排进每天的时间表里，比如，阅读专业精进类的书、拓展视野类的书，定期规划和总结自己的"大事项"，或者把重要的"大石头"分成一颗颗"小石子"。

第三章
五色职场，诸多美好

我自己最大的两个纠结都跟读书有关：其一，买书的速度远远超过读书的速度。其二，读书时"精"与"博"的平衡。一方面，我信服于曾国藩说的"读书不二"，一书不读完，不看他书。但生活中更常见的模样是，一本书刚翻看了两章，又来了一本新书，一口气看了 50 多页。家里经常是这样的：三个房间里摆放着不同阅读进度的五六本书。于是，心中会不时泛起小内疚、小焦虑。曾经在一年内，我咬牙发誓了三遍，要读完一本大部头著作《团体心理治疗》。这本书一来很厚，二来比较枯燥。随后，我就在每天清晨，自己精神最饱满的时候啃上十几页，再做一些笔记。两个多月之后，居然也如"庖丁解牛"一般，把这本书的精华都梳理、吸收完了。那种内心的满足感、专业提升的踏实感，真不错！

其五，控制情绪。专业化的过程，就是克服情绪、转化思维的过程，我们常常说的职业经理人，就是要去完成"我应该做的事"，而不仅仅是"我喜欢做的事"。

吴伯凡老师说过，每个人都要有一些"洞穴时间"，不被打扰，安静做事。在中国历史上，王阳明最擅长利用"洞穴时间"来琢磨大事。在浙江绍兴的会稽山上有个洞，他将之命名为"阳明洞天"，在其中修习儒家和道家学问。后来，王阳明被贬至贵州龙场，他又将一个天然洞穴命名为"阳明小洞天"，居其中参悟生死和学问。王阳明曾笑言道："破山中贼易，破'心中贼'难。"什么是"心中贼"？就是那些飘忽不定的思绪和情绪。当一个人在山洞、静室中安静下来，才能比较容易觉察"心中贼"，进而一点点消除或转化它们。

其实，情绪是一位"好心的信使"，总是以各种形式冒出来，告诉我们一些重要的信息。如果你能安静下来，耐心地倾听它、解读它传递的信息，那么情绪就慢慢地安静下来了。情绪稳定后，头脑就清爽了，自然，我们的行动就能果敢而专注。

其六，保持好奇心和进取心。对新事物充满好奇的开放意识、学习精神，才能成为职场中的"常青树"。在这方面，女性具有明显的优势，在各类培训场所、书店、进修营、成长课堂中，大多数都是女性的身影。她们学习、实践、反思、分享，永远都在成长的道路上。

2 如何"不卷"

内卷（Involution），是将简单问题"复杂化"，形成无实际意义的绕圈圈。与"内卷"对应的是"演化"（Evolution），这是一种有意义的、线性前进。

据百度统计，在 2020 年下半年，平均每日搜索量排名第一的词就是"内卷"，达到 17 万次。内卷的根本原因是什么？我觉得大概有三点：其一，个人缺乏独立思考能力。其二，人们被单一的社会评价体系所绑架。其三，企业和社会缺乏管理能力和创新精神。接下来，我们从三个角度来分析一下如何应对内卷。

反卷一：善于"独立思考"

当你痛苦地陷入"不得不"或"我只能"这样的困境时，请你缓缓地深呼吸，再深呼吸，让情绪安定下来。然后，试着问自己几个问题：

其一，此刻或未来，我真正想要的是什么？
其二，除了这个选择，还有其他什么选择？
其三，如果我不随大流，最坏的结果会是什么？

当你面对困境，将思维从"不得不"拓展到"我选择"，慢慢琢磨一下，"我还可以选择那样"，找到两到三个解决方案后，你就开启了"独立思考"之路，这是突破"内卷"的第一步。

记得 2020 年我女儿"小升初"，面对几大页的备选学校，我硬着头皮翻看，而我女儿却无所谓，她唯一的要求就是，"妈妈，只要学校离家近就行了。""嗯，很好！"我很赞同。一则，学校离家近，女儿和我都能省时间；二来，孩子只要身心健康就好。于是，我放弃了纯书面的搜索和调研，开心地和女儿骑着自行车，把我们初步选中的几所初中逐一看了一下，其实也就是找到学校的大门，透过门缝儿看看学校的模样。看完之后，我们俩心里都踏实了：删去了几所远一点的中学，留下了离家不超过两公里的 7 所学校。接下来，就等着计算机随机派位了。如今两年半过去了，女儿在当年选中的中学过得很开心，每天步行五六分钟就到家了。更让我开心的是，她希望好好读书，今后能在自己的母校当地理老师。目标很具体，尽管将来未必能实现，但至少让女儿对当下的学习有了更强的意义感。

独立思考——在当下的社会中既稀缺又宝贵。一方面各种信息和诱惑无孔不入，我们被所谓主流的"社会评价体系"所裹挟，越来越焦虑。另一方面，人工智能算法和机器人越来越普及，大量流程性的工作和劳动力密集型行业迅速走向消亡。我们犹如置身于滔滔巨浪中，虽然艰辛，但更要独立思考，勇于探寻——我希望成为怎样的人？我希望过怎样的生活？

反卷二：抓住"一线机遇"

要在职场中立稳脚跟，你不仅需要拥有独特的"硬核能力"，还要抓住每一次机遇，惊艳亮相。

提到"87版电视剧《红楼梦》"，优美凄婉的音乐、美轮美奂的服饰是其中吸引人的两大要素。《红楼梦》中的14首乐曲由著名音乐家王立平老师担纲，而其中的2700多套戏服却是由一位名不见经传的姑娘倾心设计出来的。在当年众多的知名设计师中，史延芹只是一个助理，她的心态很平和，"助理就助理，只要我能参与就挺高兴。"当时，几位大腕设计师只负责画主角的服饰，不起眼的小角色就交给了史延芹。一方面，她细细琢磨每一段剧情、每一个场景，根据情境绘制人物造型。另一方面，她结合自己在南方水乡的生活经历，加入了许多秀丽的点缀。短短14天里，史延芹赶出了48张栩栩如生的设计稿，不仅精巧、优美，还非常贴近人物性格。绝佳的作品打动了导演、编剧、摄影师和灯光师，史延芹从设计助理一跃升为总设计师。随后，她呕心沥血三年多，用2700多套服饰描绘出了美轮美奂的"大观园众生相"。

好友刘苓的小助理朱朱也在职场上逆转了一把。她平时做事马马虎虎,但就是喜欢琢磨PPT。有一次,刘苓的老板要参加一个重要的商务谈判,急需做一套精美的PPT。匆忙中,刘苓派朱朱去紧急援助,朱朱问了老板几个简短的问题:"您的客户喜欢什么风格?""他们产品的特色和优势是什么?""您希望突出咱们的什么特色?"经过一晚上的忙活,第二天一早,朱朱制作的PPT不仅震惊了老板,也折服了客户。随后,朱朱几乎成了老板的御用PPT设计师,小助理连升几级,成了市场部主管。

反卷三:形成"比较优势"

你只有将天赋、人力资本和心理资本这三者汇聚在一起,才能形成你独特的"比较优势",从拼时间、拼体力的"内卷"中脱颖而出。

天赋——你要了解自己擅长什么,特质有哪些。

人力资本——经过学习和实践,你具备的能力和素质。

心理资本——你在成长和发展过程中具有的积极心理状态,尤其是希望和韧性。

爱华是某银行的私人银行部主管,业绩常年一流。我问她怎么做到的,爱华笑着说:"当好贴心人。幸好我上了咱们中国科学院心理研究所的'心理资本'课程,平时学的都能用上。"她的老客户不仅向她咨询投资意向、资产管理等问题,还会与她倾诉各种烦心事,希望得到她的帮助。

这位贴心人有经典的沟通三部曲：其一，耐心的倾听。一双宁静如水的眼睛，温和地、专注地望着你，不知不觉中，就化解了你心中的怨气和戾气。

其二，温暖的回应。"雯婷，这些年你真不容易啊。""玉梅，不用内疚，你是个好妈妈，那时候你已经尽力做到最好了。"

其三，深入的探寻。爱华倾听了客户的困惑后，不会立即提出办法，而是一点点探寻，"你希望孩子成为什么样的人？""在她成长的路上，出国能添加什么因素？会有什么风险？""孩子现在的'不愿意'，可能是哪些原因造成的？"

最后，爱华给客户提供的不仅仅是某个金融产品，更是一个美好的人生解决方案。我笑着说："爱华，你的名片上除了财富管理顾问，还应该加一个头衔——人生教练。"

"嗨，其实客户的很多困惑我都经历过，眼泪没少流。等擦干眼泪后，我就去找书看、上上课，或者向人求教，看看怎么能变好。"爱华说得很坦然。

"这么有行动力、反思力！"我不禁赞叹道。

"我妈说我从小就这样，特要强，第一次没做好，琢磨琢磨，第二次肯定行。"爱华笑着说，"还有啊，我从小就特别玲珑心，对人很敏感，是家里的小侦探。"难怪爱华的客户对她极其信任，团队小伙伴更是对这个大姐姐钦佩有加，她们是一支很快乐、很有创意的娘子军。

3 如何"转型"

我们都熟知一万小时理论。你只要在一个领域中持续投入一万个小时,就可以成为这个领域的专家。还有一本书叫《七年就是一辈子》,说的也是类似的道理,每天在某一方面刻意练习5个小时,大约7年后,你就能习得一个重要的技能,进入一片新天地,犹如获得又一次重生。按"百岁人生"来计算,我们从大学毕业到离开人世,有70多年的时间,如果说"七年就是一辈子",我们岂不是能有"十辈子"的新生?真是太惊喜了!

我在职场上还是挺幸运的,跨越了四五个行业,大多数是苦乐杂陈:

1999年,我很想离开"朝九晚五"的工作模式,去外企闯一闯。结果,我第一次跳槽失败,灰溜溜地返回原单位,在那里又"蜗居"了两年。在周围同事和领导的冷言冷语下,我不仅增添了谦逊,也增强了旺盛的学习动力。两年后,我再度跳槽,经过7轮面试,终于进入了一家美国人力资源咨询公司。

2005年,我第一次创业,进入了完全陌生的互联网行业。在最初的半年里,我几乎没怎么睡过一个踏实觉,请教专家,学习各门专业知识,带领团队进行各种尝试。然而,创业还是以失败而告终。由此我得出了两个惨痛的教训:其一,创业,要进入一个自己比较熟悉、有独特专长的领域。其二,在运营中一定要特别关注"现金流"。这两个教训对于我第二次创业至关重要。

2007年,我第一次创业失败了。在自责、迷茫中徘徊了一年多,我生了"金鼠宝宝",也因此有了一段相对闲暇的时间,开始对生命好奇,对人性好奇,很自然地走进了心理学领域,开启了生命的"第三度诞生"。所谓"第三度诞生",就是更深入地觉察自己,更负责任地做选择。神奇的是,当我的心智模式发生了改变——更加接纳自己的有限,更多地听从内心的声音,我的职业道路也顺畅地转入了新领域。

其实,我们的过往经历是现在及未来的一部分,因为当下,你已经从过去继承了一些宝贵的资产,比如,专注、学习力、沟通力等职业素质,或是时间管理、商业演讲、项目管理等职业技能,以及那些你潜移默化学到的商业嗅觉、系统化思维、创业者精神,等等。所以,看似从0到1,跃入一个新行业很难,但是,少则两三年,多则五六年,你一定能在新行业站稳脚跟,建立良好的口碑。

> **小青柑**
>
> 隔行未必隔山,在职业转型中请你抓住以下三大关键:
>
> **其一,保持好奇心。** 不要抱怨入错了行,也不必担

心自己所在的公司不景气、行业在衰退，只要你想进入一个新领域，从零开始，好好规划，基本上都能实现梦想。

其二，刻意练习。进入一个新行业，你应了解需要学习哪些新知识、新技能，从哪里获得，以及如何尽快掌握。请你列出最核心的硬技能和软技能，将它们排入第一周、第一个月、第一个季度的时间表里，扎扎实实地"刻意练习"。

在电影《指挥家》里，世界上第一位女指挥家安东尼娅，面对着乐队成员诚恳地说道："一天不练，自己知道；两天不练，你身边的伙伴能知道；三天不练，观众席上的听众也能感知到。我作为一位女性，能获得指挥乐团的机会远远不如男性多，所以，我必须全力以赴，让每一个细节达到完美。"

其三，求助牛人。这是我在咨询公司形成的工作习惯。我经常会接到不同领域的咨询项目，而且要在三个月的时间内给出结果。所以，快速寻找资源、快速学习就成了一项必备技能。进入一个新领域，我经常做的是三件事是：第一，寻找这个领域中最牛的几位专家；第二，请他吃顿饭或是喝个茶，向他虚心请教一些关键问题，比如，这个行业中最关键的几个环节是什么？最具实力的是哪几家企业？行业的发展趋势是什么？第三，请专家推荐一两本书，我能通过读书快速学习，感知这个行业的脉搏。

五色职场 2

粉色：
斜杠青年

1 为何"斜杠"

斜杠青年的概念来自于英文 Slash,是指一个人不满足单一职业,而发展了多种爱好、拥有多元身份。

全职工作犹如一片花园,你是其中的一名匠人,只能按照花园主人的吩咐去工作,还得定点出现在某个地方。然而,在自家的自留地里,你随意摆弄什么都可以,比如,播客、写作、绘画、带货、教瑜伽、卖保险、搞投资,等等。

英国作家伊恩·莱斯利在《好奇心》一书中提到,我们应当像"狐猬"(这是狐狸和刺猬的合称)一样觅食,当躲避敌人时,刺猬只有一招,蜷起身子死扛,而狐狸能灵活地闪转腾挪。在当今社会中,行业、公司的兴衰起伏越来越频繁,人要想获得更好的生存和发展能力,既要有一技之长,也要能整合不同领域的要素,多两把刷子。

2022 年,"前程无忧"对 13 大行业的职场女性做了调查,49.5% 的受访女性认为,2020 年之后,"升职缓慢或没有升职希望"。近些年来,女性的职场环境越来越艰难了:其一,生育影响了女性就业和职业上升。其二，疫情影响。这三年来，深受疫情影响的是服务业，如旅游、餐饮、娱乐等行业，而这些行业正是大量女性就业的领域。于是，为了提升职业竞争力、增加收入，或者为了发展爱好、释放自己的潜能，越来越多的女性开启了"斜杠"人生。《职场 2020 年副业情况调查》显示，女性比男性更"斜杠"：男性有副业的人数占比为 44.3%，而女性有副业的比例则为 55.7%。

我在咨询公司的第一年压力很大。因为之前我在一家事业单位工作，从专业技能、工作方式到工作节奏都跟外企截然不同。别人每个季度能做四五个项目，我 8 个月了，两个项目还没完工。眼见着被裁的下场越来越迫近，我就赶紧增加"附加值"。公司要打造学习型组织，我就义务当起了学习委员，逐一询问小伙伴们想学什么，做了一张详细的需求列表。然后，一个一个地请专家，把每月两期的"学习午餐会"办得有声有色。公司 CEO 来华访问，要扩大公司的品牌影响力，于是，我利用早先积攒的媒体资源，邀请记者来采访公司中的专家们，推出了一篇篇专题报道。到了年底的业绩评估，虽然我完成的咨询项目数量一般，但由于我在学习委员和宣传委员岗位中的贡献，我好几年都被评为 A 级员工。"咱一把刷子不太行，多几把刷子呗。"除了在公司多发展、多贡献之外，我在北大国际 MBA 读书期间，就为同学和校友们当起了"职业生涯教练"：分享人才市场的趋势、薪酬结构的变化、评估对方的管理优势、挖掘职业转型的关键点，等等。一开始，我只是义务做贡献，后来，就被学校专门聘请为"职业发展教练""职业生涯导师"，一直延续到今天。而这些年辅导学员的不少案例，又变成了我写书的重要来源。我的感悟是,凭着兴趣,认认真真地做,慢慢就有了一道道"斜杠",这是一个水到渠成的过程。

2 如何"斜杠"

你可以在组织内"斜杠",一人身兼数职,虽然薪水没有多拿,但能力却有长进。你还可以在组织外"斜杠",充分发挥自己的爱好。比如,作家和菜头,他当年在民航的主业是气象预报,但在业余时间里他喜欢倒腾计算机,还喜欢在网络上写小说。慢慢地,网上的名声和收入一天天长势喜人,终于某一天,"斜杠青年"和菜头告别了稳定的国企、四季如春的昆明,带着一片兴奋、几许惶恐奔向了京城,开始追寻他的互联网之梦。那么,怎么开始我们的"斜杠之旅"呢?

其一,老要素、新组合。盘点一下你的诸般武艺,看看能不能组合出一个"新套路"来,毕竟现在是数字经济时代,有人曾豪气地说过,"所有行业都值得被再做一遍。"比如,有一个很爱收拾家的全职妈妈,考了一个收纳师资格证,一有空就帮人整理家,收入还不错。在智联招聘的统计中,这三类是最火热的"斜杠"职业:微商、设计师、撰稿人。假如你有不错的人脉,善于营销、设计或写作,不妨尝试一下。

"曹老师，你的声音真好听。"过去十几年，听到学生这么说，我只是笑一笑，没往心里去。当老师，声音是基本功。进入"知识付费"时代，又遇上了新冠肺炎疫情，无奈中，我开始尝试网上授课、录制音频节目，我的声音居然变成了一种优势，当然了，我自己也乐在其中。2020年一个酷暑的下午，我在家里连续录制了6个多小时，坐累了，站起来；腿站直了，再歪坐下；嗓子太累了，就忙着为节目的片头和片尾配上乐曲，享受当第一个听众的乐趣。

其二，跟随心、持续练。"斜杠"的一开始，没钱、没掌声，只是你自己喜欢，这时你要保持"坚毅力"，也就是把一种兴趣长期练下去。慢慢地，你的"斜杠"水平越来越高，有人开始关注你、认可你，并愿意为你的某种"斜杠技能"付费，那么，你就算正式开启"职场第二曲线"了。

燕子的"香森花道"就是这么发展起来的。十几年前，她是一家跨国公司的高管，平时一有空，就跟着日本老师学习花道。随后，她又迷上了心理学，还问了我好几次，该学什么流派？前景如何？尽管被我泼了一两次冷水，但燕子还是乐此不疲地学完了几门心理学课程。如今，她的"香森花道"既针对个人爱好者，也为一些企业定制项目。看着她快乐地忙活着，宛如一位出尘入世的"花仙子"。尽管"花仙子"时不时地遭遇寒流：惊闻"香森花道"所在的园区要"五天五检"、闭园一周，得赶紧转运花草们。但燕子的心态却依然潇洒："满载一车鲜花，明天开始流浪的大篷车生涯。请大家相互转告，鲜花明日特价哈！"

曾经有一位年轻人前往米兰寻找机遇，他在自己的推荐信中，前10段都是极力推销他的工程师专长,"我擅长设计桥梁、水道、公共设施;我还精于设计和组织各种盛大的庆典活动。"一直到第11段的结尾处,他才提了一句,"在绘画领域,我也无所不能。"你猜猜,这位多才多艺的年轻人是谁?达·芬奇!他在米兰谋得的第一份职位是什么?设计和组织盛大的节庆演出。由于极其旺盛的好奇心,达·芬奇不仅是画家、工程师、设计师,还是解剖学研究者,以及优秀的即兴诗人。因此,在英文中出现了一个专有名词——文艺复兴人,指的是那些博学多才的人,而达·芬奇无疑是其中的佼佼者。

在当今信息极其丰富、分工越来越细致的社会中,人们的学习似乎越来越功利,"学这些能干什么?""那些知识对我没用。""学这个什么时候能变现?"而达·芬奇总是在不停地追问,"这是什么?""这是为什么?""假如这样,又能如何?"他不停地穿梭于科学、艺术和技术三者之间,被后人称为"历史上好奇心最旺盛的人"。我想,这种好奇心和激情,应该是"斜杠青年"们普遍具有的内在动力吧。

其三,贵精不贵多。人生没有白走的路,你走的每一步都算数。怎么算数呢?这不是一条规规矩矩的线,而是一串灵动、璀璨的项链。只要你全身心投入到每一个爱好中,磨炼好每一项技能,犹如打磨出一颗颗光润的珍珠,某一天当你穿起它们时,就形成了一串只属于你的华美项链。

记得我刚学心理学的时候,我先给一位心理学行业的朋友打电话询问:"最容易入门、最系统的是哪一个心理学流派?""萨提亚模式。"朋友还跟我讲述了几大心理学流派在国内的发展趋势。我接着问,"在萨提亚模式中,国内最著名的是哪几位老师?"朋友给我列出了三位老师,于是,我选择了其中一位老师的亲子工作坊。随后,我又开始系统地读萨提亚模式的专业书、上专业课程(持续上了4年多)、参加3人实践小组,等等,上课笔记记了几十本。当我下决心想转行进入心理学领域时,我有些困惑了,到底进入哪个细分领域呢?是亲子、婚姻还是个人成长?随后,我便请教资深的萨提亚专家魏老师,她问我:"你喜欢跟什么样的人工作?"我想了想说:"我喜欢跟企业中的管理者一起工作。""你能为他们创造什么价值呢?""我希望通过心理学让他们的工作更高效、更有创意,成为更加真实而自在的人。这些年来,我就是这么走过来的。"于是,经过一番深入的探寻,我把自己的职业转型聚焦在领导力和心理资本的结合点上。这么一晃十几年就过去了,我慢慢长成了一株"杂交水稻"。

> **小青柑**
>
> 假如你希望开启自己的"斜杠"人生,可以试试以下这三种方式:
>
> **其一,老要素、新组合。** 盘点一下你的诸般武艺,看看能不能组合出一个"新套路"来。
>
> **其二,跟随心、持续练。** "斜杠"的一开始,没钱、没掌声,只是你自己喜欢。慢慢地,你的"斜杠"水平越来越高,有人开始关注你,并愿意为你的某种"斜杠技能"付费。

> **其三，贵精不贵多**。只要你全身心投入到每一个爱好中，磨炼好每一项技能，犹如打磨出一颗颗光润的珍珠，某一天当你穿起它们时，就形成了一串只属于你的华美项链。

3 斜杠中年的蓬勃之道

在《百岁人生》一书中，两位经济学家为我们展现了一个美好的前景。未来，由于生物、医疗和大健康技术的发展，我们将越来越长寿。"如果你现在 20 岁，那么你有 50% 的概率活到 100 岁以上；如果你现在 40 岁，你有 50% 的概率活到 95 岁；如果你现在 60 岁上下，你有 50% 的概率能活到 90 岁左右。"但同时，他们也揭示了一个很严峻的现实——我们的职业生涯将更长！这样一来，在 35~60 岁的中年期就显得非常重要了。相对于 35 岁以下的青年人来说，中年人在一个领域中积累了足够的能力、经验和人脉，更容易开启自己向往的"斜杠人生"。

我们的职业生涯可以分成 3 个阶段——

第 1 阶段：投资期。积累个人的知识、能力和经验，也要慢慢地营造职场人脉。

第 2 阶段：奋斗期。一方面，应在某项工作上尽心竭力；另一方面，应勤奋地耕耘着一片"自留地"，如果机遇好，有可能开启我们的"斜杠生活"，有乐趣、有收入。

第 3 阶段：人生后半段。对于许多人而言，这将是人生最长的阶段，大约从 55 岁开始。但其实，这段"人生下半场"也是我们准备最不充分、最难面对的一个阶段。

为了让人生后半段更自如、更丰盛，我们需要开启 4 种工作类型：

第 1 类：有偿工作。这对于知识工作者而言相对比较容易，比如，讲课、写书、当顾问、当专业督导，等等。

第 2 类：学习。你可以开始发展一直渴望但总没时间的爱好，比如，我的一位朋友花了半年时间学习裁剪中式衣服，自己穿着自己的作品美滋滋的，还透着一股优雅的民国范儿。

第 3 类：家庭工作。你不仅要做家务、带孩子，还要留出足够的时间给自己，健身、旅游、与朋友喝茶聊天，实现一些醉人的小梦想。"只有更好地爱自己，才能无怨无悔地爱他人。"

几年前，我在"班夫电影节"上看过不少户外运动的纪录片，印象最深的是 4 位女性的"疯狂梦想"。这 4 位英国的中年母亲，某一天突然决定：我们要划船穿越大西洋！于是，她们就报名参加了世界著名的划船大赛。满目望去，周边全是专业队，只有她们这一支奇葩队全是女性，全是运动小白。只因她们有共同的梦想：实现自我突破的同时，感受一番友谊的力量。最终结果如何呢？她们几乎是最后一支抵达目的地的参赛队。但是,她们实现了"穿越大西洋"的梦想,不可思议地拓展了生命的边界。

第 4 类:志愿者工作。你可以在各类专业协会、社区、公益性组织中担任不同的角色,为这个世界做出自己独特的贡献。

人生的后半段是我们形成"组合工作"的最佳时机,也是成为"理想中的我"的难得机遇。比如,从今年开始,我除了给企业讲课、做音频课程外,还尝试了在电台做谈话节目,分享女性的职业发展和心智成长故事,让心理学支持更多女性的成长。

五色职场 3

绿色：
自由职业者

这些年来,一个很火热的词语"超级个体",将自由职业者的状态升级了,他们不再是漂泊迷茫的个体户,而是成了独行江湖的"数字流民"或"蜘蛛侠",能够借助网络,自由联结任何人、嵌入各种商业项目。

1 "我公司"CEO

知识付费平台"得到"的创始人罗振宇曾经提出了一个新颖的观念:人不要成为装进主机的硬盘,而是要当U盘——自带信息、随时插拔、自由协作。这种状态岂不就是自由职业者的最佳状态吗?

进而人们提出了"超级个体"的概念,更加进阶、更有精度和深度的自由职业者:他们拥有某种独特的技能,或某些优秀的职业素质,善于和不同的组织或个人合作。这类"超级个体"即便在人工智能时代也不容易被淘汰。因为他们有某种强大的功能,能够持续升级,还具有"多元接口"。总之,他们是"我公司"的CEO——定位自己的发展方向、打造自己的比较优势、拓展未知的生存空间，保持"终身学习、持续精进"的状态。

不久前，我的一位朋友芸嘉聊到她看了一本书——《超级个体：打造你的多维竞争力》。这本书中列举了9个需要提升的能力：表现力、执行力、专注力、社交力、领导力、共情力、认知力、精进力和钝挫力。"天呐，这太难了！"芸嘉问我，"超级个体岂不是个超人？"我笑着说："仅供参考吧。"其实，"超级个体"只需要具备一两项独特的能力，最重要的是，有人愿意为你的这一两项能力"买单"。比如，有的人在某些专业方面很厉害，有的人特别擅长整合资源，还有的人专注于项目管理，或是拥有出色的商务谈判能力，等等。正如许多企业越来越意识到，与其花大量人力物力研发一系列产品，不如针对客户的核心痛点，打造一两款"爆品"，形成强大的影响力和传播力。

以前，我不怎么发朋友圈。2020年疫情期间，我有时间，也有心了，差不多每周都很用心地写一条朋友圈。其中，有我的学习和人生感悟，也有自己的新书、新节目分享。一天，一位多年未见的朋友打电话对我说："宇红，我一直关注你的朋友圈，很受启发，谢谢你啊。"

一天清晨，有一位贵州的企业家朋友打电话说："宇红，你今天分享的音频节目'人性能达到的境界'，不仅我听了，还让我在国外学习的儿子听了。你提到了超越的几种含义，我对其中的两种超越特别有感觉。其一，超越时间。一方面，我们可以通过读书、思考、观赏艺术作品，与人类历史上的众多伟人亲密接触；另一方面，我们努力工作、创造美好，也是为了尚未出生的子孙后代。其二，超越个人的过去。一个人可以包容和接受过去，不论过去有多少痛苦与遗憾。这意味着，理解自我和他人，进而原谅每一个人；也意味着，人们超越了愤怒、悲伤、内疚等情绪。"我们两个人几年未谋面，居然因为朋友圈里的一段分享，开心地聊了许久。

2 "自由"与"自律"

相对于大型组织来讲，超级个体既灵活，也脆弱，因此需要不断地自我提升、自我突破。著名的管理哲学家查尔斯·汉迪将组织比喻为"大象"，而超级个体是"跳蚤"。他还专门写了一本书《大象与跳蚤》，并在书中预言，未来的组织将越来越灵活，从严谨的金字塔结构变为分散的飞行网点结构。组织与个人从归属、强制式变为虚拟、协作式。而社会中将涌现出大量的超级个体，他们拥有精深的专业技能，或跨界的综合优势。

超级个体、自由职业者们看似很自由，没有老板的督促、没有固定的上下班时间，也没有KPI（关键绩效指标）指标的压榨，当然，也没有定期发放的薪酬、专业的支持系统和稳定的客户源。一切都要自己操心：联结潜在客户、设计专业PPT、沟通商务细节，就连打印资料、修电脑、快递发票等各种琐事都要自己动手，或是分包给他人。

"自律即自由",哲学家康德的这句话完美地体现在自由职业者的身上。

其一,他们会制定"长期目标"和"短期目标"。年初,先把一年中的几项核心目标列出来,再分解成每季度、每月的"阶段目标",一点点汇聚资源、一步步推进。到了年底的时候,再回顾一下今年的完成情况如何。

前几年,我经常在年度计划里塞进二十几个目标,看起来蔚为壮观,但每年回顾时一脸沮丧,大部分目标只是起了个头,然后就没了踪影。如今,我只设立了五大目标:业务、成长、关系、锻炼和爱好。2022年,我把"锻炼"单列出来,因为进入50岁后我忽然意识到,为了享受健康而幸福的"百岁人生",必须从现在做起,好好关注身体健康。

其二,自由职业者会集中攻克一个个任务。他们通常采用"番茄工作法",以25分钟为一个"番茄单位"全身心工作,短暂休息5分钟后,再进入一个"番茄单位";完成4个"番茄单位"后给自己一大段时间休息。自由职业者的好处在于自己能独立规划工作、实施任务,即便与人协作,也拥有较大的自主性。获得"好番茄"还是"烂番茄",在于你能否拥有自控力。

像我这样的"深度番茄者",经常是连续数个小时写作、看书,足不出户,然后是一两天的休整或运动。2022年3~6月,我全力以赴地创作,完成了《领导者的冰山》一书;7~8月,我完全放松,带着女儿开心地游山逛水;9~11月,经过艰难的调整与反复酝酿，我终于又进入了写作状态，一边教学，一边完成了搁置半年多的书稿《我自盛开：从职场进阶到人生蓬勃》。

其三，自由职业者关注"身心灵平衡"。 他们经常会把"运动""读书""上课""成长"这些重要而不紧急的事情，首先排进一周的时间表里。因为对于自由职业者而言，健康是最大的资产，专业是核心的竞争力，他们要进行的是长期奔跑，而不是快速冲刺。

比如，管理学家彼得·德鲁克每隔3年就换一个领域研究；金融家查理·芒格建立了100个不同领域的研究模型，他们都是各自领域的"超级个体"。平时，大家只看到他们从容自如的状态和卓越的成就，却往往忽视了他们严格的自制力和持之以恒的专注力。

3 如何成为"超级个体"

第一，要克服"心理障碍"。 在一个组织中工作，你多少会获得3种"心理营养"——安全感、归属感和价值感。而在离开组织成为"超级个体"的过程中，你特别要克服这三种"心理营养"的缺失感。

先说说安全感。每天清晨,你都会奔向一个熟悉而固定的地方,施展自己的专业技能;在每月固定的日子,你会有一份薪水到账;在每周的工作计划中,你知道自己会干什么,需要产出什么。而成为"超级个体"后,这一切"固定因素"都没有了,自然,你的安全感会起伏不定。

再说说归属感。如果你幸运的话,在工作中提出好点子有人点赞,做出一些成绩会获得小伙伴的欣赏、领导的认可;在工作中遇到困难,会有人鼓励你,或"雪中送炭"给你支持。然而,成为"超级个体"后,身边没有固定的小伙伴,也少了许多赞赏和认可。因此,你要营造自己的归属感,建立自己的"支持系统"。

最后是价值感。当你在公司中带领团队拿下一个项目、完成一个艰巨的工程时,你会产生强烈的成就感。然而,成为"超级个体"后,你的价值感或许会来自外界,但更重要的是来自你的内心——你清楚自己的价值在哪里,你知道自己的生命将怎样度过。

总之,成为"超级个体"后,你要为自己创造安全感——自己规划、自我提升、自己整合资源、自己确立归属感和价值感,你不再是张总监、李经理了,不再有角色和企业的光环了,你就是"你自己"——一个拥有独特技能、闯荡江湖的"独行侠"。

第二,要具备"产品思维"。在成长为"超级个体"的路上,请你经常问自己 3 个问题:我的优势在哪里?我能为谁提供独特的价值?我如何找到他们,或者他们如何找到我?

比如，我女儿同学的妈妈小燕，原来是一个服装模特，生孩子之后在家养娃待了五六年。孩子上小学后，她尝试着做各种美食。记得我女儿他们班只要一举办活动，小燕就会制作三明治、烤小蛋糕，或是给全班带去几张金灿灿的比萨饼。而在她的朋友圈里，"燕行美食"的品种也越来越多丰富了，还随着四季时令有不少创新。一段时间后，小燕的美食生意就做得风生水起了。

第三，要善于"自我管理"。 自由职业者或"超级个体"尤其要加强"自我管理"。没有考勤，没人督促你了，你的拖延症、手机瘾将成为"致命伤"。在互联网时代，许多人被淹没在信息洪流中，焦虑、迷茫，丧失了深度思考和主动规划的能力。而对于"超级个体"来说，主动规划、深度思考和持续学习是必备的"三板斧"。没人提醒你、要求你，你要每天自我激励，不断磨砺自己的"三板斧"。

管理学家德鲁克曾经说过：自我管理，是 21 世纪知识工作者最大的挑战。而自由工作者们尤其需要不断精进自己的专业，深入思考几个重要的人生问题：

1. 我的核心优势是什么？
2. 我如何高效而有创意地工作？
3. 我能为他人、组织带来什么价值？
4. 我需要承担哪些人际关系的责任？
5. 我需要为自己的人生下半场做哪些规划？

> **小青柑**
>
> 如何成为"超级个体"呢？
>
> 第一，要克服"心理障碍"。你要为自己创造安全感：自己规划、自我提升、自己整合资源、自己确立归属感和价值感。你不再有角色和企业的光环了，你是一个拥有独特技能、闯荡江湖的"独行侠"。
>
> 第二，要具备"产品思维"。在成长为"超级个体"的路上，请你经常问自己3个问题：我的优势在哪里？我能为谁提供独特的价值？我如何找到他们，或者他们如何找到我？
>
> 第三，要善于"自我管理"。对于"超级个体"来说，主动规划、深度思考和持续学习是必备的"三板斧"。

五色职场 4

橙色：
合伙人

1 凸显你的"比较优势"

职场何尝不是一场马拉松。全程马拉松要跑 40 多公里，而一个人的职场生涯也要经历 40 余年。请你琢磨一下，合伙人一般出现在哪个阶段？

在最初 5 公里的"欢快跑"阶段，带着欣喜和好奇。

在 5~15 公里的"匀速跑"阶段，骄傲地超过一个个对手。

在 15 公里之后的"煎熬跑"阶段，几次慢下来，身边的人一个个超过自己。

在 36 公里到终点期间的"撞墙跑"阶段，每迈出一步，都如撞墙般痛苦万分！

在后三个职场阶段，你都可以去当合伙人，只不过你的比较优势有所不同：

在 5~15 公里的"匀速跑"阶段，犹如你的职业高速发展期，能力和经验快速提升。假如你在此阶段成为一名合伙人，应培养自己能独当一面的能力。比如，多年前我参与创建了一家青少年教育公司，选择合伙人的标准之一就是，能够在课程研发、业务拓展或项目实施这三大领域中挑起两项重任。

在 15 公里之后的"煎熬跑"阶段,你发现自己原有的技能落伍了,精力也跟不上了,不太能在一线冲锋陷阵了。那么,作为公司合伙人,你的价值就在于培育人才、梳理业务流程,或是增强组织文化。

在 36 公里之后的"撞墙跑"阶段,我看到一些公司的元老不仅在能力、精力、创新力等方面跟不上了,还增添了一身不良习气,比如,以功臣自居、以小圈子排他。这类合伙人要想有所改变,必须痛下决心,还要体验一番头破血流的痛苦。否则,他们很快会成为公司的负资产,被当家人果断斩落!

在下面这个案例中,我们能看到一位境界很高的创业合伙人:他不仅做事冲在前面,为组织贡献多,为老板挡子弹,做人方面也会把握分寸,不论怎样劳苦功高,也清楚"谁是老大"。

合伙人的境界高一点,短期看似吃亏,长久会获得回报,而且是持续的回报。

秋华是 A 公司创业团队的核心成员之一。几年前,A 公司谈融资时,她跟着创始人海涛见了十几拨投资人,其中最有可能谈成的是 L 公司。与 L 公司艰苦卓绝地谈了四五轮后,该公司的资深投资顾问天安提出了 4000 万元的估值,笑着问秋华:"徐总,你看这个估值怎么样?"

这个估值只有 A 公司预期的一半!秋华顿时沉下脸来,冷笑道:"别逗了,天安。要是出这个估值,我觉得你们恐怕不是我们期待的投资人。"CEO海涛是一位比较腼腆的技术男,在一旁打圆场道:"徐总有些冲动,天安,我们慢慢说。"

秋华稳定了一下情绪,口气温和了一点:"天安,我们接触一个多月了,我对于你的勤奋、专业度和行业口碑都是很钦佩的。其实,我们的宗旨是一样的,既要为公司争取短期利益——这个项目的最佳估值,也要看整体利益——在未来的几年,我们一起把A公司做强、做大。再者,我们公司在社交网络中拥有良好的口碑和巨大的客户群,我们的创业团队你也看到了,不论是视野,还是专业化程度,在业内都是数一数二的。"

在随后若干轮艰苦的谈判中,专业而据理力争——秋华总是扮演那个强势的角色。4个月后,L公司领投A公司8000万元,还有两家公司跟投了2000万元。

事后,秋华笑言:"老板懂技术,深谙商业模式,我负责运营,我们俩谈项目时有明确的分工,一般都是他唱红脸,我唱白脸。"在公司的庆功宴上,当CEO海涛特别感谢秋华的专业精神时,她谦逊地说:"是咱们的创业团队给力、CEO有人格魅力,我只不过是做了一些沟通工作。"

2 如何能够"空降成功"

作为一个职业经理人,进入一个创业型企业担当合伙人,你需要思索:

我如何快速融入新环境?
我如何获得老板和同事的认可?
我与老板如何建立"心理契约"?
我与原有的创业伙伴如何相处?

在有些民营企业内部,"空降部队"与"地面部队"之间的冲突——后加入的职业经理人与追随创始人打天下的原有团队的矛盾,往往比职业经理人与创业企业家之间的矛盾还要严重。另外,创业企业家对"创业兄弟"的态度是复杂的:一方面,觉得他们是忠诚的、可信赖的;但另一方面,又时常觉得他们的能力和意识跟不上。企业家常常陷入"忠诚/信任"和"能力/贡献"之间的两难境地。

创业经理人对组织中的"利益相关者"要当心些:

不论你之前的业绩多么辉煌,企业家多么热诚地盼你到来,当你顶着总监、副总、CTO等光环（内部候选人拼了数年、等了数年后，希望落空），拿着百万年薪加入时（"空降兵"的薪酬往往高于原来的创业团队），你的身边已是冷眼四射、暗流涌动了。

不论你有多少抱负，多想吐故纳新、速见成效——请当心，先生存下来，再徐图发展。当"空降兵"和"地面部队"冲突时，后者对企业内部的情况更为熟悉，设计"陷阱"也更加不露痕迹。如果你莽撞行事，陷入了是非漩涡、伤害了既得利益群体，或是突破了老板的利益边界，你的计划再完美，也会在工作中处处受掣，难以施展。

所以，请你"拐大弯""先联结，再超越""在处理事情之前，先处理心情和感情"……这些话的形式不同，但核心都是要关注人，尤其是人的情感。建立心理安全感，你可以从以下三个层面尝试。

其一，安定自己的心。相信我是有价值的，不论暂时遇到怎样的挫折；承认进入一个新环境，我还有许多不懂的且不足的地方，我要虚心求教、快速成长。

其二，坚定老板的心。表达自己对组织的承诺，清晰我们的共同目标。与老板慎重地商议后，选择一个目标、一项任务，建立一种"心理契约"，为自己随后发起的"闪电战"或"攻坚战"营造良好的支持系统。

其三，安抚伙伴的心。如果你是新加入的合伙人，请尊重和感恩之前的创业伙伴。相信创业伙伴之前付出了很多,他们是有独特价值的。承认自己需要他们的支持,需要一段时间融入团队。要明确表达:不论老人、新人,我们归根结底都是"职场人",都是为了支持公司快速增长、持续创新。

3 如何能够"不断成事"

袁静研究生毕业后就进入了"百川教育",这是一家 MBA 考前辅导机构。大概是由于学历史出身,袁静比一般的女孩子更加温和而细腻。在 6 年的时间里,她从一个普通的员工一层层晋升到了合伙人的位置,在招生、市场、教务等各个方面都是一把好手。2014 年,两位创始人转向了新的业务方向,把天津公司全部交给了袁静。压力瞬间增大!增强哪些产品线?如何拓展新市场?怎样激发老员工的工作热情?她经常晚上都是抹着眼泪下班,在家里楼下静一会儿,等平复了情绪再回家。

为了拓展业务,性格内向的袁静变得越来越外向,小女生的多愁善感也被磨去了不少。最让我感动的一次经历:几年前的一个寒冬,我和袁静沟通完公司发展中的一些挑战,走出茶室,边聊边走向过街天桥,我不经意地说了一句:"你今天看起来好像特别累。"袁静一下停住了脚步,泪水奔涌而出,她呜咽着说:"老师,我遇到了一个坎儿……"3 个小时后,平静下来的袁静不好意思地说:

"耽误您的时间了。我感觉好多了。"那一刻,我既为她心疼,也为她高兴,一直把各种重担扛在身上的袁静终于肯开口求助了。

在写这本书时,我问了袁静两个问题,她思考了两天后认真地回复:

1. 你坚持下来的核心动力是什么?

从 2008 年至今,我已坚守教育行业 14 年,一直兢兢业业、勤勤恳恳,从未怀疑过当初的选择,即使面对困境、处在低谷,我也一直咬牙坚持着,尤其在当下不确定的环境下。我想推动我坚持下去的核心动力来自于热爱。内心坚定而充盈地热爱我的事业,相信通过我的努力能够给客户带来"美好的人生",也同样相信未来是美好的。2022 年是动荡的一年,我也时常会感到前所未有的压力、迷茫和恐慌,但越是在动荡混乱的时局中,越要有定力,这样才会让自己更有力量。

2. 你在创业中最需要的支持是什么?

女性创业要比男性承担更多的压力和责任,更需要心理上的支持和能量的传递。同样也需要有更专业、水平更高的管理者指出在管理中的问题和不足。创业很多时候是摸着黑走进漆黑的房间,什么也看不见,只能自己不断摸索走下去。希望在黑暗中有人去点亮一根火柴,照亮前进的方向,我最希望得到的支持就是那一簇"光亮"。

由此可见,职业经理人在成熟企业中拥有的是流程化、体系化的配套能力,但在创业型、成长型企业中更需要的是"闭环交付"

的能力，不一定在每个环节上都尽善尽美，但是要将研发、产品、市场、运营、人力等各个环节串联起来，高效推进、不断成事。

在成熟企业中待久了，职业经理人容易在"光环效应"下迷失自我。试着问自己以下几个问题，或许今后能更好地适应不同的情境：

我的"辉煌业绩"全部来自"我的能力"吗？
我在不同组织中胜出的核心竞争力是什么？
我的"专业能力和素质"究竟有几分？
我的"支持系统"有哪些是可迁移的？

五色职场 5

红色：
创业者

1 机会型创业 VS 生存型创业

你为什么创业？创业者的动机是不同的。GEM（全球创业观察）在 2001 年提出了"生存型创业"和"机会型创业"两个概念。一般来说，年龄在 25~44 岁且高学历的女性更有可能进行"机会型创业"——她们发现了一个独特的商业机遇，或者是为了实现个人梦想；而年龄在 45~54 岁且低学历的女性主要是"生存型创业"——她们为生活所迫，不得不从事低成本、低门槛、低风险、低利润的创业。

纵观中国经济高速发展的 40 年，女性创业经历了三次创业浪潮。

第一次浪潮：打工妹创业。20 世纪 80 年代的中国刚刚改革开放，一批乡村妹子奔赴沿海地区的外资企业打工，她们吃了不少苦，但也开阔了视野，积累了宝贵的技能和经验。一位当年的打工妹回忆道："我们在工作时不准说话，上厕所按秒计。村里第一次来了 100 个女孩，不到三个月跑回去了 70 个。"然而，打工妹中的一些佼佼者却敏锐地抓住了机遇，比如，深圳立讯精密工业的董事长王来春，她在富士康打了 10 年工，最终创立了自己的企业。

这些"勇敢而美丽"的女性创业者，活跃在中国 20 世纪 90 年代的商业舞台上。

第二次浪潮：乡镇女企业家打造"世界工厂"。2001 年中国加入 WTO，全世界的资本、订单都纷纷涌入中国，在经济发达的珠三角、长三角地区，一大批"世界工厂"在中国崛起。2005 年，GEM 对 35 个国家和地区调查后显示：这些国家和地区的女性平均创业活动指数为 6.9%，而中国女性的创业活动指数高达 11.16%。在乡镇女企业家群体里，最为著名的就是浙商群体。她们的服装厂、绳带厂、制冷设备厂、皮具厂不仅在长三角生根，还开遍了珠三角。

第三次浪潮：知识女性的多元化创业。2010 年至今，随着知识服务、数字经济、新消费主义的崛起，以及人们对电商平台的熟悉、对直播带货的认可、对传统文化的亲近，女性的创业越来越多元化，但大多都属于机会型创业。我归纳了一下，大致有这三大类

第一类：大手笔。一批具有高学历、国际化视野的女性进入了创业者行列，她们拥有独特的创新意识、强大的融资能力，又赶上了互联网的高速发展期。

比如，"当当网"的联合创始人俞渝在美国华尔街长期从事金融工作，因而她在"当当网"起步时就融到了第一笔 620 万美元的投资，随后几笔上千万元的融资支撑了"当当网"的快速扩张。"80 后"美女胡玮炜带着自己的梦想，本想做一款"高颜值的智能电动车"，谁知在与投资人脑力碰撞后，进入"共享单车"行

业，创立了高颜值、高性能的"摩拜"单车。在创业3年期间，"摩拜"先后经历12轮融资，总额超过20亿美元。2018年，"摩拜"被美团收购后，胡玮炜获利15亿美元，从容离场。另一位"80后"创业者瞿芳辞去外企的高薪职位，和好友毛文超下海创业。她是一个喜欢"种草""剁手""买买买"的女生，自然对好友的"海外购物平台"创业思路一见倾心。于是，从2013年至今，"小红书"从出境购物攻略、美妆笔记、旅行笔记、健身笔记、美食攻略一路走来，成为许多人贴心的"生活小红娘"。

第二类：强IP。这一类女性创业者带有鲜明的个人特色，或唯美或温暖或真诚豁达，虽然，她们在网络世界里与我们相距甚远，但又依稀与我们的心贴得很近。

比如李子柒，为人们展现了宁静而唯美的乡村烟火生活：方宅十余亩、草屋五六间，自己耕种五谷杂粮、日常烹饪美食佳肴，陪着奶奶忙碌而自在地过日子。又如，文化普及者"意公子"，她将传统文化的美好、文人情怀的美妙诠释得丝丝入扣。还有我特别喜欢的一位瑜伽老师熊霞，她每天在清晨6点钟带练瑜伽，分享健康、阳光的生活方式。难以置信，2022年的大年初一清晨，我居然早起和熊老师在瑜伽时光中相聚了一个小时。一般来说，粉丝们先是认可了这个"有温度""有情怀"的人，然后才好奇她的事业，进而信任她推荐的产品或服务，成为她的忠实粉丝。

特别有趣的是，2022年进入深秋后，日光渐稀、萧瑟渐浓，我几乎每周都会收到朋友们转来的"意公子"视频，比如，"低落时，去山水间""饮中八仙贺知章""活着，到底为了什么？"我发现喜欢她的人既有"90后"文艺女青年、冷静理工男,也有"60后""70后"的知识分子,就连80多岁的邻居段奶奶都对她赞不绝口。由此,我有些好奇,意公子、李子柒以及强IP的女性创业者为何如此有魅力?

按马斯洛的需求层次来理解,或许会有一点头绪。当你看到李子柒和奶奶安静地喝汤、吃荷叶饼,一旁的香炉里青烟袅袅,那份亲情和安宁是你想要的吧。当你随着"意公子"进入欧阳修的视野,看山水、品美酒,既有独乐乐,又有众乐乐,大约,你的"自我意识"和"归属感"都有了安放的一角。当你听着熊霞老师笑眯眯地念叨着:"别和自己较劲,你这么'山式站立'着,就已经开始塑造身材了。""你每天早起,每一个动作进步一点点,都值得给自己点个赞。"你发现,"自我实现"的宏大进程可以从一小步一小步中实现。在马斯洛的需求层次里,这些女性给予我们的不是生理需求和安全需求,而是更高境界的社会需求,以及尊重需求。所以,人们才会与她们深度联结,让"生意"成为"美好的生活"。

第三类:小清新。这类女性的创业动力很普通,她们某一天发现了生活中的一个痛点,或是为了追随自己的一个爱好。比如,买一块蛋糕,担心添加剂太多,就自己开个蛋糕房吧。喜欢风花雪月的大理,就在洱海边开起了民宿。于是,我们能看到许多别致的花店、书店、咖啡店或是美发店,都是这般"一动念"开启的——因为我喜欢,所以就试一试吧。启动资金不多,经营规模有限,自己能够把爱好和事业完美地结合起来。

几年来，每个月我都会光顾一家温馨的护发店——奥琳欣（上地店），美美地护理头发，和温柔的君姐、直爽的糖糖聊聊天，有时也会遇见老板娘小林。最初，小林也是奥琳欣的资深会员，时间久了，干脆在自家附近开个店吧。"不怎么赚钱，就是自己喜欢。"爱美的小林将"美"体现在小店的各个角落：精致的小茶点、舒适的小抱枕、卫生间里奶白色的橱柜、优雅的小花瓶……后来由于房租上涨，小林的护发店不得已搬到了一个更小的铺面，面积虽有些局促，但服务依然温馨，于是我也不离不弃地跟定了这三个女生。

2 盘点创业者的"四大资本"

有一则经典的创业笑话：创业就是你心里想着A，和投资人说着B，自己以为是在做C，实际执行出来是D，最后99%失败；那幸运的1%达成在E上，但是真正赚钱靠的是F，上市又因为G。这个笑话之所以经典，就在于它道出了创业中的极度"不确定性"。因而，对于创业者而言，既需要无比坚定，又需要高度灵活，但两者间的分寸如何把握？因时因地因机缘，都是不同的。

有一位资深投资人分享他的投资理念：如果是1000万元以下的投资，看看商业计划书是否有亮点。如果是1000万元~5000万元的投资，要看创业团队，他们是否有创业经验，是否能形成优势互补。如果是5000万元以上的投资，就要与核心创始人深入交流，了解他的抗压能力、成长经历，甚至会聊到原生家庭。

从上面的创业笑话和投资理念中，你大约已经感悟到了，对于创业者而言，在四大资本中，心理资本及其重要，你不仅要充满"希望"，有强烈的目标感，在资源有限、发展受挫时能够找到新的途径，更需要有韧性，在一次次打击中快速复原、坚定前行。

在创业中需要的"人力资本"包括三层含义：其一，创业者自己的洞见力和专业度：你能看到一个领域中的痛点（人们抱怨的）或梦点（人们内心渴求的），并有独到的解决方法。其二，你能凝聚几个关键人才，补齐自己的短板。比如，你擅长产品研发，就需要找到擅长市场拓展的伙伴；你能够突破新市场、拿下项目，就要和擅长运营管理的伙伴配合起来，不至于在快速发展时"后院起火"或是"现金流断裂"。其三，创业者要具备综合能力。在创业初期，你要能上得厅堂、下得厨房，任何环节出了问题，你都能顶上去。

我第一次见到Tina，是在京东华南区的一个领导力培训项目上。当时，她是华南区的一位财务负责人，带领着100多人的专业团队。"曹老师，要不要帮忙？"Tina既主动热情，又很健谈，和一般财务管理者的画风很不同。

第二次是在电话中，当时Tina纠结于是承担运营管理的一个新职位，还是歇一段时间。那时，她意外怀孕了。"要不要生下二宝？"她问我。"机遇总会有的，不用担心。你安静下来，听一听自己的心声吧。"我只是帮她平复情绪。如果晋升到新的职位，每天要工作 12~14 个小时，根本无法照顾家里人。于是，Tina 没有接受那个新职位，而是安心生二宝了。

2020 年疫情期间，我忽然想到了 Tina，便询问她近况。"曹老师，我生了三宝，正准备创业呢。"这两个惊喜吓了我一跳。在电话中，这位宝妈兴奋地谈了她的创业思路：疫情期间，很多人不得不居家办公、自己做饭，于是，她就在网上销售食品调味包。一周后，我收到了一箱"津功夫"的调味料，用了几包调料，我瞬间变成了美食达人！

如今 Tina 已创业一年半了，她向我娓娓道来："创业虽然很辛苦，但是时间有弹性，孩子们成长中的一些重要时刻，我都没落下。""还有啊，做了三个孩子的妈妈之后，我更感觉到女性在职场多么不容易，男性管理者是很难感同身受的。所以，我在公司里尽量把天平放稳一点，尽可能地照顾到有孩子的女性。"我听到这里，心中一阵暖意涌起，真心希望这样有胆识、有温度的女性创业者越来越多。

至于"社会资本"，你在创业时拓展人脉特别需要聚焦两类人：一类是战略投资人，他们不仅能带来资金，还能提升你的管理水平，或是注入客户资源；另一类是合伙人或业务骨干，他们能帮你补齐短板、提升业务能力、增强心理能量，让你的发展具有持久性。

最后说到"金融资本"，对于女性创业者而言，有一种尴尬的境地：许多投资机构不太愿意投资女性创业者，担心她们"缺乏后劲"。但如果女性作为创业团队中的一员（却并非核心创业者），投资人还是很欢迎的。所以，女性创业者要想获得充足的资金，要么与男性伙伴联合创业、优势互补，要么自己具有强大的融资能力，还可以申请"女性创业基金"。现如今，许多女性创业者都选择了"轻创业"模式，其特点是人少、钱少、零库存，可以借助互联网平台开展业务。比如自媒体、网络销售（包括微店、社群营销、代理经销等）、知识付费、创意设计等行业。

3 你具备"创业者精神"吗

记得2022年"三八节"这一天，我在"智乐读书会"分享了一本引进版图书：《身为职场女性：女性事业进阶与领导力提升》。在座的女性书友大多数都是创业者，有经营红酒生意的、开私人会所的、做家居装修的、运营自媒体的、经营文创的，等等。大家对书中提到的一些职场女性"坏习惯"很有共鸣，比如，苛求完美、不善于为自己发声，容易让"情绪雷达"分散注意力等。聊着聊着，书友们意犹未尽，有人提议应该有一本描写中国职场女性的书，把我们丰富的职场生态、心路历程描写出来。于是，一年后，这本《我自盛开：从职场进阶到人生蓬勃》就呈现在了你的眼前。

在创业历程中，有三大关键因素：第一，要选对赛道；第二，能够贴近客户，不断推陈出新，亮出好产品、好服务；第三，有足够的"心力",能够百折不挠地坚持到成功的那一天。

创业者与职业经理人的区别在于:

其一,主动性。创业者不局限于目前拥有的资源,而是去追寻、创造机遇。

创业者关注:我希望达成什么目标?我如何创造机遇、整合资源去实现它?

管理者思考:我有什么能力、资源?我如何将它们组合起来实现目标?

创业者决断:"就这么定了,我会筹到钱的。"

经理人叹息:"我怎么能自己开公司呢?我又没有钱。"

"我们知道我们是什么,但我们忘了自己能成为什么。"这句话多深刻!假如你想创业,一定好好琢磨一番"我能成为什么?""我希望成为怎样的人!"

格格创业20多年了,从"健康生活"设计师到如今的"枕头女神",她的身上依然保留着温润而纯真的能量。我问她:"你当年创业前做了哪些准备?""没有准备,说干就干了。""资金从哪里来的?""空手套白狼。"格格的第一次创业是开了一家旅行社。没有资金打广告怎么办?她考察了山东长岛之后,设计了"长岛风情"项目,还打出了"基地旅游"的新概念,这个新颖的概念引起了北京一家报社记者的关注。随后,一篇关于基地旅游的报道吸引了2000多人报名"长岛风情游"。这些年来,格格的思维越来越聚焦:一开始创业时,她主攻企业礼品市场,推出了"花色"

系列产品，从精美的奥运徽章到健康水杯、乐活勺、旅行收纳袋、钥匙链等，总共有180款原创产品，她希望大家的生活像花儿一样。但是，过长的产品线对供应链和销售来说是个巨大的考验，而且难以在消费者心中形成一个清晰的画像。2018年，经过一番痛定思痛的"瘦身计划"，格格将产品聚焦在改善职场人的睡眠质量，这包括长睡眠和短睡眠（办公室小憩、旅途中休息）。随后，可爱的"大熊座枕头"问世了，格格也在一次次的产品升级中变成了睡眠专家。"要像穿衣服一样用心选择你的枕头哟。"格格约我喝下午茶，不仅分享了她这些年的成长历程，还帮我搞清楚了自己的睡眠困扰。

其二，客户说。创业者不会执着于"我的想法"，而是会始终倾听"客户的声音"。

创业者关注：客户需要什么？客户为何选择我们？

经理人在意：我们擅长什么？我们如何说服客户？

其三，心动力。创业者在"至暗时刻"，心中依然有一座"灯塔"。

创业者坚守"信念"：我想成为怎样的人？我在彷徨时依然坚信什么？

经理人在意"绩效"：高绩效带来升职加薪；受挫时可以换一家企业。

2022年10月，龙湖地产的当家人吴亚军辞去了董事长一职，她说："为此，我已经准备了三年。"一方面，是公司的业绩稳步增长，有了一位经验丰富的接班人。另一方面，则是自己心理的改变。前一阵子，闺蜜陪吴亚军去医院看病，拿到体检结果后，闺蜜痛心地说："如果你再这样拼下去，就没法看到自己孩子事业有成的那一天了。""这句话瞬间让我破防了。"于是，创业了29年的女强人终于卸下了重担。

相对而言，与男性创业者相比，女性创业者不太在意规模、声望或是对世界的征服感，她们选择创业更多地来源于兴趣、责任或是暖暖的爱。

"我就不想被人管。"这是和芳最初的创业动力。在一家国企里按部就班地工作了3年后，她辞职走上了艰苦的创业之路。一位朋友推荐她做一家香港床上用品公司的内地代理，并一下子把河南、山东和山西3个省的代理权给了她。和芳跳入了一个完全陌生的行业，从两眼一抹黑开始干，她奔波于3个省，四处开拓渠道，每天的饭费只有两三元，10个月里根本没在床上睡过觉。前两年一点都不挣钱，到了第三年业务终于有了起色，开始赚钱了。能赚多少呢？"一天够买一个钻戒。"和芳笑着提起那时的阔绰。可是，她在欣喜之余又有了新的迷茫："这种状况是我想要的吗？""不是！这么一单一单地跑生意缺乏持续性，也没什么成就感。""那我想要的是什么？""能做一辈子的事情，不用退休。"她想来想去，觉得当老师最好。"但是，我能教什么呢？"到北京大学学习一直是和芳的梦想，心理学也是她感兴趣的专业，既能成就自己，也能帮助他人。

方向定了，和芳立刻把生意转给别人。她自考攻读北京大学心理学专业，从郑州奔到北京，前后学了4年心理学：30多门基础课，门门出色，最难的一门"心理统计学"她竟然考了98分。学习的热情蓬勃而起，她随后又系统学习了情商、定位等理论。2008年她认识了萨提亚模式，她开始一边学习一边创业，做心理学培训。有点搞笑的是，和芳经营公司，没有年度财务指标，没有考核制度，她对财务说："咱们就保证三条：第一，账上有20万元的现金；第二，跟人合作时早付钱，别晚付；第三，要守法。"就这样，和芳带着六七个人的小团队干了15年，也没觉得多难。

一位女创业者说，不要辜负这个时代给你的机遇。如何不辜负？既要不负他人的期待，更要听从自己内心的召唤：我希望成为怎样的人？我的人生意义是什么？我当如何盛开？

章回首

在这一章，我列出了五种职业形态，看似有多种选择，但当你面对每一种选择时，都需要在专业和心理上有所调整。

作为职业经理人，你有清晰的方向、指标、业务流程和专业团队。曾经有很多职业经理人觉得自己能力超群，但离开了一家企业、一个组织后才猛然发现，自己只是一台精密仪器中的一颗螺丝钉。所以，当你还在一家企业中打工时，不论是打工女皇还是职场精英，请记得不断提升自己的"专业主义"，这包括六大要素：讲求伦理、遵守纪律、客户第一、控制情绪、保持好奇心和进取心、不断提升专业知识和技能。

当你准备开启浪漫的"斜杠人生"时，请理性地注意三点：第一，老要素、新组合。盘点你的诸般武艺，组合出一个新套路来。第二，跟随心、持续练。一开始的斜杠岁月，没钱、没掌声，你要靠着兴趣坚持下来，直到有人认可你，并愿意为你的某种"斜杠技能"付费。否则，你的"斜杠岁月"就仅仅是自娱自乐。第三，贵精不贵多。把你的某项"斜杠技能"打磨到极致，犹如一颗颗光润的珍珠，直到某一天，形成属于你的那串华美项链。

自由职业者拥有最大的自由度与高度的责任感，所谓自律即自由。自由职业者的最佳境界是成为一个"超级个体"，如何做到呢？首先，要克服"心理障碍"。离开组织和团队后，你要自己补充安全感、归属感和价值感。其次，你要具备"产品思维"，经常问自己三个问题：我的优势在哪里？我能为谁提供独特的价值？我如何找到他们，或者他们如何找到我？

要想成为一个成功的合伙人，一方面要凸显你的"比较优势"，你要么能够在研发、市场拓展或项目管理中一展身手，要么具备"闭环交付"能力，不断成事。另一方面，当合伙人要能"拐大弯儿""先联结，再超越"。建立心理安全感也是特别重要的：其一，安定自己的心，相信"我是有价值的"。其二，坚定老板的心。清晰双方共同的目标，建立一种心理契约。其三，安抚伙伴的心。如果你是初始合伙人，要宽容地对待后来的骨干人才；如果你是新加入的合伙人，请尊重和感恩之前的创业伙伴。

女性创业曾经有三次浪潮。第一次是吃苦耐劳的打工妹创业潮；第二次是随着制造业兴起的乡镇女企业家创业潮；第三次是具有国际化视野、系统化管理功力的知识女性创业潮。创业者不仅需要扎实的人力资本，更需要强大的心理资本，有韧性和乐观精神。创业者与职业经理人的区别在于：其一，主动性。创业者不会局限于目前的资源，而是去寻求和创造机遇。其二，客户说。创业者不会执着于"我的想法"，而是始终倾听"客户的声音"。其三，心动力。创业者在"至暗时刻"，心中依然有一座"灯塔",有坚定的信念。

　　我相信在当今充满不确定性的社会里,每一位职场女性都希望有更多的选择,不仅可以充分发挥出自我价值,还能兼顾好事业和家庭。那么,希望你浏览过"五色职场"的风貌后,今后能去尝试新的可能性。

第四章

四大资本，助你进阶

心理资本：你有几多能量　　172
社会资本：你有几层支撑　　188
人力资本：你有多少实力　　197
金融资本：你有几分底气　　204

不论你在哪一种职业生态里，希望你能花一点时间思考以下四类问题，这会令你进一步提升自我认知，让自己的事业和生活增强能量、持续进阶。

问题1：
我的天生气质是什么？
我在后天成长中又添加了什么气质？
我在困境中如何提升心理能量？

问题2：
我拥有哪些专业能力和经验？
我的"学习力"从何而来？
我在职场上的核心优势是什么？

问题3：
我在人群中是主动的还是被动的？
我创建了怎样的人脉？
我的人脉给我带来了什么？

问题4：
我有几种赚钱方式？
我是如何花钱的？

第四章
四大资本，助你进阶

我有怎样的金钱观？

如果你能简洁明了地回答以上这些问题，恭喜你！你已经具备了"四大资本"（即心理资本、人力资本、社会资本和金融资本）的扎实基础。如果你尚未想好这些问题的答案，那么，当你认真研读完本章后，就能让自己的"四大资本"登上一个新台阶。

在我的著作《开启职场"第二曲线"》中，我把"四大资本"称为"人生中的复利"。每天多一点，或者少一点，一年下来，居然相差 1260 倍！看看下面的图片，你此刻是何感想？

$$1.01^{365}=37.8$$
$$0.99^{365}=0.03$$

下面，我们看看在现实生活中一位熠熠生辉的"复利神人"。

他便是村上春树。这位日本著名作家，每天坚持凌晨 4 点钟起床写作，每天写 4000~5000 个字，一坚持就是 35 年。还是这位村上君，每天坚持跑步，从夏威夷的考爱岛到马萨诸塞的剑桥，从日本的铁人三项赛到希腊的马拉松，他跑了将近 40 年。于是，专业的复利、健康的复利、声望的复利接踵而至。

接下来，我们就细细探寻一番，在我们的"百岁人生"中如何提升这"四大资本"。

心理资本：
你有几多能量

说到资本，一般会有"本金"，还会有"增量"。那么，你的"天生气质"就是心理资本的本金，而后天你是否有自我觉察，是否能有意识地提升四大心理要素——希望、信心、韧性和乐观，就决定了你在心理资本上有多少增量。

1 天生气质，你和哪个妹妹比较像

一提起曹雪芹的《红楼梦》，你的印象一定是人物众多、关系复杂。在如此众多的人物中，我从"天生气质"这个视角，来说说其中的四个女子。

先说说史湘云。这个豪爽乐观的女子是大观园里很潇洒的一片云，哪里有她，哪里就是欢声笑语。她酒后联佳句，醉卧芍药丛，笑穿胡人服，一向爽口爽心。

书中第四十九回里写得活色生香：大冬天里，湘云带着众人到芦雪广烤鹿肉吃，一边吃一边感慨道："若不是这鹿肉，今儿断不能作诗！"黛玉叹道："罢了，罢了，今日芦雪广遭劫，生生被云丫头糟践了。"湘云冷笑道:"你知道什么!是名士自风流,你们都是假清高,最可厌。我这会子腥膻大吃大嚼,回来却是锦心绣口!"这个云姑娘真有魏晋名士的潇洒劲儿。果然,在后面的联句中,湘云才思敏捷、力拔头筹,大家都笑着打趣她:"这都是那块鹿肉的功劳。"

再看看探春。曹雪芹称她为"敏探春",众人称她是"玫瑰花儿"。探春的敏感与敏锐体现在维护自身权益时,分毫不差,最典型的就是抄检大观园的那一晚。

王善宝家的越众向前拉起探春的衣襟,故意一掀,嘻嘻笑道:"连姑娘身上我都翻了,果然没有什么。"一语未了,只听啪的一声,王善宝家的脸上早着了探春一巴掌。探春登时大怒,指着王家问道:"你是什么东西,敢来拉扯我的衣裳!我不过看着太太的面上,你又有几岁年纪,叫你一声'妈妈',你就狗仗人势,天天作耗,在我们跟前逞脸!"瞧瞧,探春这伶俐的身手、言辞,可不是一朵带刺的"玫瑰花"嘛。

再来瞧瞧宝钗。雪芹称她为"时宝钗",她的"时"体现在审时度势,在人情世故上有极强的分寸感。宝钗不仅在荣国府里谦逊和蔼,在家中更是体贴老母、忍让哥哥。

一天,薛蟠气急了乱讲:"从先妈和我说,你这金锁要拣有玉的才可正配,你留了心,见宝玉有那劳什骨子,你自然如今行动护着他。"话未说了,把个宝钗气怔了,拉着薛姨妈哭道……后来,到房里整哭了一夜。宝钗次日一早起来,无心梳洗,便出来瞧母亲。这个温厚大度的宝钗，让人钦佩，也让人怜爱啊。

最后，我们来看看林妹妹。这个被贾母宠爱、被宝玉呵护的女孩子是怎样一副模样？在《红楼梦》第七回中，有一幕写得惟妙惟肖。

周瑞家的进来笑道："林姑娘，姨太太着我送花儿与姑娘来了。"黛玉只就宝玉手中看了一看，便问道："还是单送我一人的，还是别的姑娘们都有呢？"周瑞家的道："各位都有了，这两枝是姑娘的。"黛玉冷笑道："我就知道，别人不挑剩下的，也不给我呀。"周瑞家的听了，一声儿也不敢言语。

我们从上面的 4 个片段里，已经大体感知了 4 个女孩的性格，而她们的性格是如何形成的呢？除了家庭教养之外，非常重要的一个因素就是"天生气质"。

"医学之父"——古希腊的希波克拉底创立了"体液学说"。他认为，人们的不同气质是由于体内的不同体液决定的，这 4 种体液包括血液、黄胆汁、黏液和黑胆汁。而 4 种体液的不同比例，就形成了人们不同的气质，主要分为以下 4 类：

血液占优势的，属于多血质。这一类气质的人活泼好动、乐观豁达。比如，湘云，跟谁都能聊得来，喝酒吃肉无比豪爽，做起诗来当仁不让。

多血质的人适合从事节目主持人、推销员、导游等工作，他们擅长与人打交道，能快速适应不同的环境。

黄胆汁占优势的，属于胆汁质。这一类气质的人坦诚热情、行动敏捷。比如，《红楼梦》里的探春，虽然她的诗才不及黛玉和宝钗，却在大观园里第一个发起了"海棠诗社"，运筹帷幄，将姊妹们激发得兴致盎然。她在大观园里协助管理时，雷厉风行，锐意推行各项改革。

胆汁质的人适合从事新闻、外交、管理类的工作，他们有一种勇往直前的精神。

黏液占优势的，属于黏液质。这一类气质的人冷静持重、行事缜密。比如，《红楼梦》里的宝钗，她虽然学识过人，却总是藏着锋芒，即便有情绪，也很善于忍耐。就像前面宝钗的哥哥薛蟠乱嚷"她看上了宝玉"，宝钗虽然气得哭了一夜，第二天起来，还是照旧去看望母亲。平日里，尖酸的黛玉时不时挖苦宝钗一两句，但宝钗还是护着她的小性子，在她露怯时温言规劝。黏液质的人大多严肃认真、从容不迫，他们适合从事医生、法官、会计、调解员等工作。

黑胆汁占优势的，属于抑郁质。这一类气质的人多愁善感、行动缓慢。比如，《红楼梦》里的黛玉，任何人的一句话、一个眼神，她都会起疑心，泛起绵绵幽思。抑郁质的人有细腻的感知力，不仅对外部环境的变化很敏感，对内心的体悟也很深刻。抑郁质的人适合从事艺术、写作等需要创造力与思辨力的工作。

我们从《红楼梦》里几个妹妹的特点诠释了4种"天生气质"。知道了这些,对我们的生活和工作有什么价值呢?大约有以下3点。

其一,提升自我认知。每一种天生气质无所谓好坏,都有它独特的价值。如果我们能觉察并发挥自身"天生气质"的优势,就能获得美满的人生。比如多血质,有人也称之为乐天型,在他们的心理资本中乐观和信心这两项分值极其高。只要有这一类特质的人在场,就会欢声笑语,全场其乐融融。面对任何挑战时,多血质的人总是第一个跳出来,撸起袖子加油干!在未来社会需要的核心能力中,"娱乐感"也是很重要的一项,不仅自己笑对人生,也能让周围的人开心畅怀。当下,有一个职位叫"首席快乐官",负责营造组织中的快乐氛围,增强人们的创新力和协作力。黏液质的人在另外两项心理资本上很有优势——希望和韧性。他们做事时目标清晰且有灵活度,还能在屡次受挫后一次次复原。

其二,增强人际关系。如果我们能够了解身边小伙伴的天生气质,就能更好地建立人际关系。正所谓,我们因相同而联结,因相异而成长。比如,抑郁质的人大多独来独往,心思敏感,但他们大多有奇才、有创意。所以,如果有这类气质的同事,一方面,要小心呵护他们;另一方面,要给他们独立的空间,让其发挥才思灵感。胆汁质的人有想法、有冲劲,但有时比较鲁莽,如果有一个黏液质的伙伴支持他，把方方面面考虑得周全一些，那么就会有更好的结果。你想一想，后来"协理大观园"时，是不是胆汁质的探春在前锐意改革、兴利除弊，而黏液质的宝钗在后细心提点着，劝慰探春：不可待人太苛，要多方面照应着。

其三，不断自我成长。天生气质虽然是我们性格中的主要成因，但并非是决定性的，只要我们不断觉察、持续学习，就能扬长避短。比如，我的天生气质属于抑郁质，小时候不在父母身边长大，所以既孤僻又敏感，心里时不时会泛起大大小小的自卑。从小到大我一直埋头苦读，就是不想让别人看不起自己。工作20多年来，经历了创业、生子、职业转型等人生历练之后，我的性格中居然有了更多的胆汁质因子，做事雷厉风行、为人豪爽热情，自信心越来越强，似乎越来越像探春了。

看到这里，请你不妨暂停一下，自我觉察一番：

第一，我的天生气质是什么？在4种天生气质里偏向哪一种，是乐观的多血质、爽利的胆汁质，还是温厚的黏液质、多愁善感的抑郁质？

第二，我在后天成长中又添加了什么气质？它们来自哪里，是原生家庭的熏陶、职业生涯的塑造，还是在亲密关系中孕育而来的？

第三，我和哪一类气质的人相处得比较融洽？我还可以从不同气质的人那里学到什么？早年间，我特别喜欢交往胆汁质的朋友，觉得他们有魄力、有担当，还心思单纯，能够一见倾心，不必互相防着，是最好的战友或闺蜜。我觉得黏液质的人顾虑太多，多血质的人头脑有些简单，而抑郁质的人想七想八、很难相处。再后来，我的心胸宽阔了一些，才发现不同气质的人都有其可贵之处。

2013年，在我最迷茫无措时，我的老板魏姐、一位黏液质突出的管理者，总是温言暖语地宽慰我："不着急，慢慢来。"在我无比自责、准备灰溜溜地撤离职场时，她坚定地鼓励我："宇红，没你想的那么糟！要不你先歇歇，有些事情我替你担着，等你好些了再回来。"接纳、相信，是我从魏姐身上学到的最宝贵的管理之道。

2 四大要素，值此一生慢慢修炼

心理资本是指我们在成长和发展中具备的积极的心理能量。用一个英文词HERO（英雄）比较容易记住心理资本的四大核心：H（Hope，希望）；E（Efficacy，信心，也被称为效能）；R（Resilience，韧性）；O（Optimism，乐观）。

心理资本要素一：希望，你的明灯擦亮了吗

在心理资本的范畴中，希望包括"意志力"和"多途径"两大要素。也就是说，你对实现一个目标、完成一件事有强烈的意愿；但同时，你又不能只认准一个方向，遇到困境了，要善于探寻不同的可能，所谓"条条道路通罗马"。

在 2020 年的一次直播节目中，"新东方"创始人俞敏洪被问道："你觉得疫情之后，世界会变成什么样子？"俞老师一如既往地充满希望，他说："我觉得疫情之后，世界会更好！这不是指经济更好，或者大环境更好，而是人们会更好地回归谦卑，更多地敬畏自然，做事情更有耐心，也更加意识到个人与个人、国家与国家合作的重要性。这次疫情，或许是人类社会走向未来的新起点。"

看来，俞老师真是"习得性希望"，从任何困境中都能看到希望。即便经历了教培行业的一次严峻的"寒冬"，他依然能从容不迫地收拾好旧业务：把 6 万多套桌椅捐献给贫困山区，补发了老师们的工资。而后，又义无反顾地开启了新事业：在 70 岁的时候进入直播领域，打造了直播界的一股清流"东方甄选"。而有些人则属于"习得性绝望"，一遇到挫折、一碰到冷言冷语，就感觉世界崩塌、眼前一片黑暗了。

> **小青柑**
>
> 既然"无常"与"黑暗"会不期然降临到我们的生命中，那么，我们如何擦亮"希望"这盏灯呢？
>
> 其一，设立目标。设立一个让你怦然心动的目标，

你甚至能浮现出目标实现时的画面来。比如，一年后，我能熟练、轻松地完成流瑜伽的各种动作；两年内，我希望和朋友们完成一次意大利艺术之旅。再近一点，2023年3月的时候，我希望和书友们在"智乐读书会"上分享这本飘着墨香的新书；随后，一些女性朋友们定期聚会，携手共同成长。

其二，小步子前进。让目标实现后的喜悦和成就感点燃下一次行动。比如，新年伊始，我们往往会下决心"再也不吃垃圾食品、奶油蛋糕、油炸食品等"。然而，这种宏大的"剥夺性"目标难以持久，很快会激发内心被压抑的欲望，陷入一种恶性循环"开吃——内疚——更多地吃——更多地自责"。那么，我们不妨设立一种明确的"接近性目标"。比如，每天下班后快走 20 分钟，每周跑步两次或者练习两次瑜伽；还可以每天吃晚饭时用小碗，做汤时增加两种蔬菜……一次次体验到小成就带来的欣喜和满足，就能持续进步了。

其三，多样性尝试。希望包括"意志力"（做事情的主动性）和"多途径"两层含义。因此，当我们最初的途径受阻时，能不能整合新的资源，找到其他方法试一试，再试一试呢？

心理学大师萨提亚女士曾说过：一种选择是没有选择，两种选择是两难境地，只有三种选择才是真正的"有选择"。而我们每个人面对困境时,都拥有三种以上的选择。

心理资本要素二:信心,你的基石稳当吗

信心(效能),是指人们对自己能够完成某一特定任务的可能性的估计。信心就像我们的心理基石,你可以在下表中简单测试一下,看看自己目前处在哪个阶段。

内容描述	信心程度
在自己的专业领域里,我不太确信自己的能力,工作水准时高时低	一级
在自己的专业领域里,我很确信自己的能力,工作水准维持在较高水平	二级
进入一个新领域,我会忐忑或陷入混乱,不像以往那么自信了	三级
进入一个新领域,尽管我还不知道该怎么做,但我确信自己能够很快适应并做好	四级
在任何不熟悉的领域里,我都能利用自己的专业能力和经验,并积极整合各种资源,从而更好地实现个人和组织的目标	五级

> 小青柑
>
> 那么,我们如何能让"信心"这块基石更加稳当呢?
>
> **其一,刻意练习**。在一个时期内,你需要反复练习一些专业技能,高质量地完成任务。比如,你能从擅长的某项任务中总结出一些通用技能,或者能有意识地提升某些软技能,这样你就能进一步提升"信心"指数,成为上

面表格中的"四级达人"了。

需要注意的是,在你进行辛辛苦苦地刻意练习时,要避免两个坑:一是方法不当;二是练习跑偏了。此外,在你认真练习一段时间后,请开启"反思"(自我视角)和"反馈"(他人视角)模式:我在哪些方面进步了?我的薄弱点在哪里?我还需要调整什么?

其二,"视觉化"冥想。你可以充分畅想未来的目标,并在脑海中展望那个"理想画面"——那时,我在做什么、看到了什么,我感受到了哪些美好的能量……让自己一遍遍地沉浸于未来的"理想画面"中,你就能从"现实我"走向"理想我"或"潜能我"。

许多优秀的运动员都是冥想的忠实粉丝。冥想练习不仅让人更加放松、专注,更重要的是,能够重塑大脑的神经通路,帮助运动员提升信心,突破身体极限,进一步释放潜能。在日常的教练辅导中,我也经常利用"视觉化"冥想,帮助管理者高效地达成目标。

其三,欣赏式探寻。不论遇到什么样的困境和挫折,我们都可以从中挖掘出某些闪光点,"我做了哪些努力""我欣赏自己的是什么""我从中学到了什么""我还需要调整什么",等等。

等你情绪稳定、能量满满的时候,可以回顾一下自己经历过的痛苦:上一次分手,上一次生意失败,上一次健康出现问题,上一次被人欺骗,上一次陷入抑郁……

> 后来，你是怎么走出来的？你从中获得了哪些成长？你可知，白木香受到雷击、风扫、虫蚀之后，慢慢修复出了馥郁芬芳的沉香。万物皆有裂痕，那是光照进来的地方。

心理资本要素三：韧性，你的弹簧给力吗

韧性，也被称为"复原力"，是指在重大逆境和风险之中或之后的积极适应方式。如何增强我们的心理韧性呢？

其一，肯定"自我价值"。 比如，遇到困境或失败了，你如何解读它们？心理韧性强的人会这样解释：不是我不好，而是我做得还不太好；我相信自己有能力、有机会，只要持续努力，一定会越来越好的。心理韧性强的人会把"人"和"行为"区分看待。而针对别人的批评，他们也不会一下子"玻璃心"，而是善于反思和正向思考。

其二，挖掘"心灵宝藏"。 心灵宝藏指的是我们独特的心理特质，比如，乐观、耐心、豁达、灵活度、自我关爱、自我接纳，等等。让这些心灵宝藏的光彩照亮我们生命中的"至暗时刻"。

其三，反思逆境。 一个人通过思考生活中的混乱和挫折，可以激发自己不断精进，也可以催生出一些新思路。在心理资本的范畴中，韧性不仅是复原力，屡次受挫、一次次复原，还包括创新力，

从失败中汲取教训、添加新知,释放出更丰富的能量。

面对生命中的一次次逆境,有所反思和涤荡,便能增强心理韧性。脸书的 COO 谢丽尔·桑德伯格在事业一帆风顺时,结婚 11 年的丈夫突然去世。经历了巨大的人生打击后,谢丽尔在家人、好友和心理学教授亚当的一路陪伴下,慢慢走出了阴霾。她感悟道:"当生活夺走了我们的爱人、给我们重创的时候,我们永远不止有一个选项,我们可以继续用另外的方式去爱这个世界。""人生虽然不完美,但每个人的生活都存在 Option B。"

心理资本要素四:乐观,你的火花迸发了吗

乐观,是一种解释风格(也就是归因风格),把积极事件归因于自身的、持久性的、普遍性的原因,而把消极事件归因于外部的、暂时性的,以及与情境有关的原因。

遇到失败时,乐观的人会认为失败是暂时的,每个失败都有外在的原因,不是自己的错。遇到成功时,乐观的人会认为是自己努力的结果,而且这种成功会持续下去且会发生在许多场合。因此,乐观的人对于未来有着积极的判断:只要我努力,就一定会找到办法、走出困境。

假如你是一个乐观的人,内心会有哪些声音冒出来呢?

遇到好事了,你会鼓励自己:"真棒!努力的人运气不会差!"

遇到坏事了,你会安慰自己:"倒霉是暂时的,一片云彩而已,过一阵子就飘走了。"

遇到麻烦事了,你也会看得开:"嗯,方法总比困难多!""再试一试,没准儿就成了!"

> **小青柑**
>
> 如果你想提升自己的"乐观指数",可以尝试以下3个方面。
>
> **其一,宽恕过去。**这并不意味着推卸责任,而是一种承认现实的"重构技术"。也就是说,过去就过去了,不必纠结。就如电影《冰雪奇缘》中的雪宝,遇到任何困难,它都会咧开宽宽的嘴巴,笑着鼓励对方:"做好下一件对的事!"
>
> **其二,感恩现在。**这一点特别重要,我们经常觉得很多事情理所应当。殊不知,当你失去了,才会猛然惊觉:我原本拥有的并非"理所当然"!正如在一些特殊时期,你拥有一些"看似平凡"但对许多人而言"弥足珍贵"的东西,比如平安、健康、自由,等等。
>
> **其三,拓展思维。**在心理学中有一个著名的 ABC 原则。A(Adversity)是指我们碰到的不好的事情;B(Belief)是指当我们遇到一个不好的事情时,马上在脑海中会形成一种想法,而且经过多年的经验积累之后,我们的大脑会形成一种思维路径,一出现某个事件,就会形成一类思维模式。比如,都是对方的错,或者都是自己的错。C(Consequence)是指后果,有了一类想法,自然会引起相应的后果。那么,我们想提升乐观指数,就

需要不断地将一些消极和固化的想法拓展为更积极、更灵活的想法。也就是说，当类似的事情出现时，我们要特别关注自己的"解释风格"，将负面、僵化的思维，转化为正向、开放的思维。

社会资本：
你有几层支撑

第四章
四大资本，助你进阶

社会资本，是指人们为了实现工具性或情感性目的，透过人际网络来整合资源的能力。那么，你在人群中是主动的还是被动的？你构建了怎样的人脉关系？你的人脉关系为你带来了什么？

1 让你闪光的，是你的"向前一步"

《她世界：一部独特的女性心灵成长图鉴》一书中提到康奈尔大学2018年公布的一项研究："男性通常高估自己的能力和技能，而女性则往往低估自己的能力和技能。""不少女性缺乏自信，只知道我们是什么，但忘了自己能成为什么。"

商界女精英谢丽尔·桑德伯格在《向前一步》一书中提到了一段往事。当她看到自己在《福布斯》杂志的"世界最具影响力女性"榜单中排名第5位，甚至排在美国前第一夫人米歇尔·奥巴马前面，她感到了难堪和羞愧。于是，她禁止同事祝贺自己。直到被助理提醒这样的行为不妥之后，谢丽尔才意识到，自己又在不经意间陷入了"不自信"的心理模式。

那么，女性如何"向前一步"，在人群中脱颖而出呢？

其一，往前坐。不论是在公司开会，还是参加大型活动，许多女性总是不自觉地往后坐。那么从今以后，请你参加会议时往前排就座，昂首挺胸、带着自信而灿烂的微笑，与发言者保持眼神交流。如果女性将"往前坐"的意识进一步扩展开来，就会抓住各种机会展现自己、联结他人。

"你做什么都挺好的，但总是等着被别人发现。"当Jenny还是一名业务骨干时，她的导师这样反馈道。Jenny在一家500强跨国公司工作，她说起了自己的困惑："我和下属、同级沟通得都很顺畅，就是看到领导发怵，尤其是和外国领导开会时根本不会社交。"导师给她支了一招："你每次去开会前，看一下当地的报纸，尤其是关注一下教育和体育方面的新闻，这样在会前闲聊时就有共同话题了。"Jenny升到管理层后，会特意为女性管理者创造一些展现自己的机会。比如，让她们参与一些战略性项目，与高管有更多的接触机会；鼓励女性员工参加"Toast Master"（国际演讲会）项目，增强她们的自信和沟通技巧。Jenny深有感触地说："女性管理者的一个劣势是，总觉得自己还不够好，不好意思表现自己，从而错失了许多机会。"

其二，准备一段两分钟的"电梯演讲"。假如有一天，你恰巧在电梯中或其他社交场合遇到了上司或潜在的合作伙伴，这段两分钟的小演讲会发挥作用。它要包括3个核心：我手头的工作、我未来的计划，以及为什么我能够胜任。等你干脆利索地说完后，对方立即会对你刮目相看，"她真是一个有思想、简洁明了的人！"

其三，积极"与人联结"。"不要画地为牢，要毫不犹豫地、主动地寻求他人的帮助；与他人共进晚餐、结交新朋友、做运动、感受心灵和身体的联结。"《她世界：一部独特的女性心灵成长图鉴》一书是这样鼓励职场中的女性的。

我的一位忘年交于校长，曾经跟我说到她人生的宝贵经验：多读书、交高人、常反思。十几年来，我们只见过三次面，在每次谈话中，她总是耐心地询问、专注地倾听，时不时说到最近自己做的几件糗事，以及自己反思后的心得。我听了之后，不禁有点儿脸红：于老师比我有经验，但她总是虚心求教、耐心倾听，坦诚地分享自己的不足。而我呢，好为人师，爱指点人生，很少向她请教。可能在不经意间，我已经丧失了很多向身边人学习的机会。

在人际联结中，一方面，我们能获得头脑中的启迪、情感上的滋养；但另一方面，人际关系也是我们一个重要的"压力源"，尤其当你无法正确应对复杂的人际冲突时。

有一张世界著名的"生活事件压力表"，在观看压力表之前，你不妨猜想一下，排名前4项的压力事件是什么？

赫然排在表中前4项的压力事件是（压力分值从高到低，表示压力程度的高低）：配偶死亡（100分）、离婚（73分）、分居（65分）和判刑（63分）。而我们熟悉的那些压力事件，比如，自己受伤或生病（53分）、失业（47分）、经济状况发生变化（39分）、换工作（37分）、与配偶争吵频率越来越多（36

分）、与老板发生矛盾（24分），等等，排名较为偏后。可见，亲密关系对人的情绪影响极大，而女性在亲密关系中受到的扰动尤甚。

其四，建立"个人品牌"。 一来，它能快速建立人们对你的信任和喜爱。二来，它能为你带来持续的机遇。如果你希望成为自由职业者或"超级个体"，拥有更多的自由和财富，就更需要建立"个人品牌"了。

个人品牌的第一要素：有情感。 让别人一提到你，就有一种美好的感觉，你给人的印象要么是"如沐春风"，要么是"潇洒自如"，要么是"真实而自在"。

有一次我去温州上萨提亚心理学的专业课，有一位新认识的同学小琪在上了4天课之后，临别之际给我写了一张纪念卡："宇红，我喜欢你的直率和热情。原来觉得你是一个侠女，现在觉得叫你女侠更合适，你身上有一种侠者的豪爽气。"看到这张卡片，我一方面受宠若惊，另一方面心中窃喜不已。要知道，我年轻时曾经的偶像就是玉娇龙：潇洒一生，行走江湖。

个人品牌的第二要素：可识别。 你要打造一个独特的"个人品牌"，能充分体现出自己的特点、风格或是专业能力。

我曾经在一家软件公司工作，还听过几堂Java编程课，对那位主讲老师印象极其深刻。他说："我是IT界的郭德纲，相声界的比尔·盖茨。"后来，我在职场中也会这样介绍自己——我是懂心理学的管理者，有一点管理功底的心理学专家。日积月累，我长成了一株生命力很强的"杂交水稻"。

个人品牌的第三要素：可信任。你要么具有出色的专业能力，要么做事靠谱，要么善于整合资源。在《信任的速度：一个可以改变一切的力量》一书中，作者史蒂芬·柯维用一棵苹果树比喻了信任的四大要素：

树的根基是"诚信"，你的人品如何？

树干是"动机"，你是只想着利己，还是先利他，或者说你具有"双赢思维"吗？

树枝是"能力"，包括你的知识、技能、经验等，也就是你的本事。

树上结着一个个"果子"，这是你之前的业界口碑，以及当下取得的成绩。

2 让你心安的，是你的"支持系统"

记得 2010 年，心理学家调查了富士康的"连续 14 跳"事件，也就是在短短一年内，连续有 14 名员工跳楼自杀，这在当时引起了广泛的社会关注。调查出来的一个重要因素是：这些在深圳打拼的外地员工缺乏三层"支持系统"：第一是缺乏"心理调节系统",不知道该找谁,如何去宣泄心中的郁闷和孤独。第二是缺乏"亲友系统",比如,缺少家人、朋友和同学的陪伴,他们从老家来到深圳举目无亲。第三是缺乏工作中的"人际系统"。这些员工在日常工作中"12小时两班倒",旺季时还会加班,经常是回到宿舍睡一觉,又匆匆去工作了。有的人在宿舍住了一个多月,居然连同宿舍的室友都不太认识。当人们缺乏这三层"支持系统"时,就像无根之木,一遇到外面的风吹草动、天气变幻,就容易轰然倒下。

一般而言,在这三层"支持系统"中会有四五个关键人物。比如,A极具同理心,她会暖暖地望着你,静静地倾听,有时还会给你一个拥抱,陪你度过最艰难的时刻。B富有洞察力,他会在你一团乱麻时,冷静地问几个问题,给你一些反馈,于是你的困境便"柳暗花明又一村"了;C有着丰富的人生阅历,她的宁静和智慧能抚平你的心浮气躁,让你能穿透种种诱惑。D是生机勃勃的"美学家",她会带着你走进艺苑、大自然或浸染于美好的"多元文化"中。E是个潇洒的"生活家",她对于去哪里吃喝玩耍都熟门熟路。

如果你在一个陌生的地方生活多年,结识了一批新朋友,建起了一个亲密而有力的"支持系统"——他们滋养你的心灵,激荡你的头脑,或者能和你一起开心大笑、能在你艰难时给予有力支持,那么,此处便是你的"第二故乡"了,所谓"此心安处是吾乡"。

3 让你人生蓬勃的，是三张"人际网络"

我们在任何一个城市生存和发展，都需要构建三张"人际网络"，让自己这棵小树在新的土壤中抽枝发芽。

第一张网是初级网络，它基于血缘、亲缘和地缘。初级网络包括你的亲戚、朋友、同学、老乡，等等。即便在现代社会中，由初级网络衍生出来的同乡会、校友会、各地商会，依然发挥着联结乡情、拓展人脉的作用。

第二张网是次级网络，它是基于职业、兴趣、居住地而结成的人际关系，这也是我们所说的"弱连接"。比如，人们一起参加跑团、读书会，一起做公益，或者住在同一个小区内，孩子在同一所学校上学，等等，你我由于某个机缘相识，很可能就打开了一片崭新的天地。通过"弱连接"产生的机遇，经常会突破现有的圈层，带来意外惊喜。《破圈：如何突破认知局限并实现终身成长》一书的作者通过实验发现：在网络世界里，"泛泛之交"往往比"至交好友"更有用，这就是"弱连接"的力量，它帮我们打开了一个新天地。

"不仅在公司内,也要在公司外建立职业关系圈。"哈佛大学社会学家罗伯特·普特南指出,职业女性往往过度投资于与她们相似的关系。但是,当只有一个圈子知道你的才华和能力时,你就会陷入危险境地。在部门重组、公司裁员或是遇到一个极为苛刻的新老板时,你在公司外的人际网络就能发挥重要作用。很多人的职业机遇都来自于"弱连接",而我更是受益颇多,几次重要的职业机遇都来自工作之外的朋友圈。比如,培训中认识的某位专家、心理学实践小组的同学、参加公益组织时结识的伙伴,甚至是女儿同班同学的一位家长。

第三张网是中心网络。 在中心网络中,你是中心人物,为了实现某个目标或愿景,你吸引了一批人。尽管在互联网时代崇尚"去中心化",但是,不论是在专业团体、公益组织中,还是在松散的网络社群中,都需要一两个有能量、有想法的领军人物。

人力资本：
你有多少实力

在提到人力资本时，我想借助美国心理学家麦克利兰提出的"冰山模型"，并重点从三个维度展开，去探寻每个人的"内在冰山"，由内而外地构建起人力资本。

1 动机，你的发动机是什么

"内在冰山"的最底层动机，也就是我们做一件事情时的内在驱动力，如图所示。它分为成就动机（追求卓越、不断争取成

功)、权力动机(控制或影响他人),以及亲和动机(建立友好而亲密的人际关系)。当我们说"我喜欢这样做"时,其实就隐含了深层的动机。

当年我在美国咨询公司工作的时候,曾经有一位做事极其严谨的新加坡上司。她不仅将每个咨询项目的时间节点把控得极紧,每晚都会询问我"今天有什么进展?有什么洞见?"而且在细节上也极用心,有一段时间让我这个新闻系毕业生几乎快要崩溃了。但幸运的是,她半年的磨炼让我具备了高品质的专业素质:做事严谨、节奏清晰、协作可靠,并凭借这些素质闯荡了今后十几年的职业生涯。每每想念、感恩我的这位女上司时,我都能清晰地感受到她强烈的成就动机:做事追求卓越且乐于迎接挑战。

如果你在职业生涯中找到并顺应了自己的内在动机,做事就会做得心中畅然;否则,外表看似很风光,但你的内心却一直纠结着。尤其当你面对多个机遇时,选择哪一个?放弃哪一个?你能够在选择的道路上坚持多久?很大程度上,这都与你的内在动机密切相关。

2 价值观,你的灯塔在何方

"内在冰山"的中间层社会角色,植根于我们的态度和价值观,而价值观是我们选择的基础和判断的标准。你有能力做许多事,你也有幸面对众多机遇并承担多个社会角色。但最终,你愿意与谁同行,你能成就什么事情,你的内心是否安宁、愉悦,很大程度上取决于你的价值观。价值观不在于"对"或"错",而在于"清晰"或"模糊"。价值观来自哪里?来自你的原生家庭,你生命经历中重要的人与事,以及你对生命的不断思索。

在职业生涯中,当你遇到不如意、不顺利、不公平时,当你犹豫着是否跳槽、转变一个"社会角色"时,不妨静下心来问问自己:

- 我内心真正想要的是什么?
- 我在这里坚守是为了什么?
- 如果离开这里,我要追寻什么?

总体上说,我是一个挺幸运的人,即便如此,我在近 30 年的职业生涯中也经历了"三道裂缝"。

第一道裂缝,1999 年,我第一次跳槽失败。我在原单位灰溜溜地"蜗居"了两年,增添了谦逊,也增强了旺盛的学习动力。两年后,我再度跳槽,进入了跨国咨询公司。

第二道裂缝,2006 年,我第一次创业失败。我在自责、迷茫中徘徊了一年多,孕育了个"金鼠宝宝",也因此进入心理学领域,开启了生命的"第三度诞生"。

第三道裂缝,2013 年,我在困顿中陷入抑郁。我转入心理学领域四五年之后,个人发展较慢,在不断的怀疑和自责中我得了重度抑郁症。半年后，当我走出抑郁时，不仅体验到了接纳的力量，还真切地感受到了亲人深深的爱、伙伴们温暖的支持。

在这"三道裂缝"撕裂与愈合的过程中，一方面我增强了自己的心理韧性；另一方面，对自己的核心价值观也越发清晰明了，并不断践行着自己的价值观——自由、学习和助人。

2022年，我参加了一门财富管理课，课后读了老师推荐的《纳瓦尔宝典：财富与幸福指南》一书。其中，有三个提问很有意思：

30岁时，你会给20岁的自己什么建议？

40岁时，你会给30岁的自己什么建议？

50岁时，你会给40岁的自己什么建议？

我反思了一下自己的这三个生命时点，在日记里自问自答了一番：

30岁时，我在跨国咨询公司刚刚度过生存期，会对20岁的自己说什么呢？要多与他人交流，开阔视野；要多欣赏、多鼓励自己，尤其在慢慢摸索且还没有看到希望之时。

40岁时，我转入心理学领域，已经经历了3年的沉淀，我会对30岁的自己说什么呢？要更加专注，即便你找对了方向，也需要日复一日的耐心积累和打磨，形成自己的专业力和品牌力，这样才能获得客户和市场的认可。

50岁时，因为疫情所限，我的事业不得不有所突破：开始录制音频和短视频节目、探索融合出版、线上线下互动教学等。这时，我会对40岁的自己说什么呢？要开放一些，对新事物不要急于说"NO";对自己好一点,想做什么就去尝试,觉得累了就躺倒休息;在变局中,顺势而为。

通过上面的三段自问自答,我更加明确了自己职业生涯的信念:不断创新、持续成长,做一个长期学习者。

3 知识和技能,在成事中磨炼

"内在冰山"的最上层且露出水面的部分是我们的知识和技能。

一座房子能否升值,最核心的要素是什么?

地点、地点、地点!你一定要心知肚明。

那么,一个职场人能否升值、能否成功转型,最核心的要素是什么?

定位、定位、定位!

你希望成为怎样的人?

你希望在哪个领域深耕?

你将如何创造独特的价值?

一旦你能清晰定位,既包括方向(你希望进入的某个行业),也包括方位(你期待服务的人群、深耕的领域以及达到的水准),那么接下来就是"干中学"了,即磨炼技能、积累经验和优化知识结构，这样才能干成一件件事情。

　　有一次，我辅导一位很有上进心的年轻人 Jerry，他学了 5 年教练技术，3 年引导技术，还深入钻研了 8 年心理学和职业生涯规划。然而，Jerry 现在很困惑，找不到自己的职业发展方向。于是，我对 Jerry 说："你的左手已经拥有了三四把'职场利刃'，但是右手有些空，你的这些'职场利刃'准备用在哪里呢？是成为一名销售型顾问、一名人力资源招聘主管，还是一名细分领域的培训师？未来几年，你需要踏踏实实地专注于一个细分领域，把你掌握的知识和技能充分利用起来。要知道，你的雇主虽然关注你的学历和技能，但他更关注你的成事能力：能不能快速完成任务？能不能高质量地完成任务？能不能带领一群人完成更有挑战性的任务？"Jerry 听了之后，眼睛亮晶晶的，我感觉，他已经蓄势待发，准备放手一搏了。

　　在提升人力资本时，一些人专注于显性的知识、技能和经验，却忽视了"内在冰山"下面的价值观和动机。就像一个人费力登上了一座山的半山腰，甚至于登顶时，才发现自己其实想去的是另一座山或是另一个方向的湖泊。

金融资本：
你有几分底气

你有几种赚钱方式？

你是如何花钱的？

你是如何理财的？

你有怎样的金钱观？

对上面四个问题，如果你能快速而条理清晰地回答出来，那么说明你在"金融资本"上很有底气。如果你有一两个问题说不清楚，那么说明你在这方面还有点弱。我们在赚钱、花钱和存钱方面的习惯，以及我们对金钱的看法，很大程度上体现了我们的价值观。

比如，我工作近30年来，一直全身心地学习、工作、再学习，金钱在我心中只是一个遥远而模糊的印迹。我花钱很随意，理财更是没有操心过，直到我看到《百岁人生：长寿时代的生活和工作》一书，被其中的一个案例震惊到：伦敦商学院让MBA学员计算一下如果能活到100岁，每年将大约10%的收入存起来，并希望退休后拿到最终薪金的一半，那么最早可以多大年纪退休？考虑到目标养老金、储蓄收益、收入增长率等因素，最后的答案居然是84岁！

其实，大多数女性对金钱缺乏概念。她们要么缺乏理财意识，要么下意识地认为男人善于投资，将大部分的收入决策权交给配偶，即便许多女性的收入比丈夫的高不少。女性要做到思想和经济的双重独立，同时又要呵护好配偶的自尊心，维系婚姻的和谐，是需要一些智慧的。

1 转变思维：我的责任，我有能力

提升金融资本的第一点：转变思维。女性的思维要转变为我要为自己的健康、资产和幸福负责任。我有能力去管理金钱，而且我会越来越擅长于此。

凯瑟琳·庞德在《富裕的运转法则》一书中有一段话："我现在身体健康、资产富足、生活幸福。我周围的人都很善良，愿意在各个方面帮助我。他们就像天使，现在我也成为他们中的一员。因为我自己的健康、资产和幸福都改善了，我也乐于帮助他人过得更健康、富有和幸福。"当我看到这段话时，心中油然升起了一种喜悦感和富足感。每天默念一遍，就能带来"富裕意识"，咱们一起来尝试吧！

当我们意识到健康、财富和幸福的重要性，并从日常生活中学习相关的知识和技能，一点点践行、不断精进，它们就会为我们的蓬勃人生持续输送能量。觉察是改变的开始，新的思维会带来新的行为，并慢慢形成新的习惯，进而改变我们的命运。

2 勤于实践:没有"靠山"的那一天

提升金融资本的第二点:勤于实践。女性总是有一些"心理拐杖",比如稳定的工作和收入;有实力、爱自己且善于理财的配偶等。但是,当今世界中的不确定性越来越强,经济形势变幻莫测,你或配偶的经济和健康状况也并非一成不变,更重要的是,在百岁人生中,你的亲密关系会经历大大小小的考验。

所以,要定期问自己几个关键的问题:我们家每个月的固定支出是多少?我每个月的现金流有多少?我的净资产有多少?我有哪些方式能够改善财务状况?经过这样一番演练后,你会发现自己的内心更加笃定,心理资本中的"信心指数"会有所提升。也许,你会惊慌地意识到,自家的财务网络并不太牢靠,很难抵御某一场意外的风雨。于是,你会迅速采取一些补救或改善措施。

文熙和丈夫原来都是外企人士,生活过得舒适而有情调。2020年年底,丈夫的公司裁员三分之一,他是其中一员,之后他一直没有找到合适的工作机会。文熙于2019年经营了一家素食馆,苦苦支撑了两年也关门了。眼看着家里入不敷出:孩子在私立学校读书,学费昂贵;家里的一套新房子每月要付房贷;文熙还时不常要去上一些课程,准备职业转型。"嗨,都说三十而立,我怎么就立得歪歪斜斜的呢?"文熙叹息道,"真是要过苦日子了。"好在,她经过一番盘算后果断行动:卖掉了车子和市区的房子,搬到郊区租房生活;孩子转学到郊区的一所学校,学费降了一多半;一家人开始了更宁静的文化生活,文熙从事少儿教育,丈夫转行从事传统文化和国际交流方面的工作。家中一系列的开源节流措施都是文熙来操心的。她笑着说:"生活这块磨刀石很快就把我磨成了'精算师',让我很有成就感。不仅是我,就连我们一家人的生活方式都改变了。"

3 用心规划:少而精,创造最大附加值

提升金融资本的第三点:用心规划。要在人生中的"少而精"的重要方面多给予资源。比如,我们的健康、学识、人脉、财商和精神追求等。

电影《阿甘正传》里有一句台词:"我觉得人的心智成熟应该是一个逐渐剔除的过程。知道对于自己最重要的东西是什么,不重要的东西又是什么。然后,做一个简单的人。"

犹太人有经典的三问:
这事能不能不花钱?

能不能少花一点钱？
能不能晚一点花钱？

这三问，归根结底体现了经济学的精髓：如何在有限的资源下获得最大的附加价值。我们的时间、资金和人力，每一项资源都是有代价的，如何将之运用到最佳状态呢？要剔除杂念、找出重点——健康、财富和幸福，将各种资源聚焦于此，我们的"百岁人生"才是福祉。

章回首

这一章,我们盘点了人生中重要的四大资本:

心理资本——你在成长中发展出来的积极的心理能量,它包括希望、信心、韧性和乐观四大要素。

社会资本——你拥有的人脉和影响力。职场女性要勇于"向前一步",让自己脱颖而出;还要构建自己的"支持系统",那是让你心安的心理港湾;最后,要构建三张"人际网络",那是让你蓬勃发展的社会平台。

人力资本——你具备的专业技能和经验。我借助心理学家麦克利兰的"内在冰山"素质模型,从动机、价值观、知识和技能等方面分享了如何"由内而外"地提升人力资本。

金融资本——你内心的富裕意识和对金钱的驾驭能力。我们在赚钱、花钱和存钱方面的习惯,以及我们对金钱的看法,很大程度上体现了我们的价值观。提升金融资本的三点实操是转变思维、勤于实践和用心规划。

在职场的不同阶段,我们都需要有意识地积累这四大资本。如果意识到了它们的重要性,接下来,就是如何一步步提升了。

还记得这张图吗？每天多一点，或者少一点，一年下来，居然相差1260倍！资本的"复利效应"是多么惊人啊！

$$1.01^{365}=37.8$$
$$0.99^{365}=0.03$$

在每一项资本中，你只要挑选一两项，时不时地运用一下，在几十年岁月的催化下，也能产生惊人的"复利效应"。

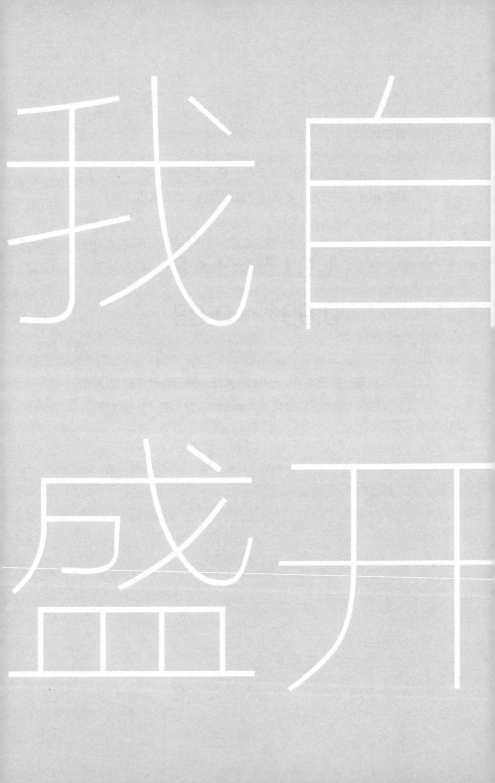

第五章

"女生""女侠"和"女神",你在哪一境界

2022年夏季,我看了一部清凉古装剧《梦华录》。剧中三个宋代女子的喜怒哀乐中,流淌着她们的"个人成长""亲密关系"和"事业发展"。好妙,三个女子的坎坷历程不仅触动了我的心,也激发了我的灵感。于是,我把职场女性分成女生、女侠和女神"三重境界"。这三重境界与年龄大小、工作长短无关,有别的是"心智成熟度",也就是你是怎么看这个世界的,怎么应对凡尘中的人和事的。

《梦华录》里的三位女子:印章是典型的"女生"状态,单纯、柔弱,一心想出人头地、拥有幸福,然而,她却一再地遇人不淑,梦想一次次破灭。赵盼儿和三娘是十足的"女侠"范儿,凡事自己扛,对家人尽心尽力,为朋友两肋插刀,但就是常常苦了自己。好在,经过一番情感和事业的风风雨雨,她们都成长为"女神"的模样——有时坚定似钢,有时温润如水,自己散发着光彩,也向身边人传递着美好。

1 三重境界，三种色彩

女生、女侠和女神，这三种职场女性的境界，不取决于年龄，而取决于职业素质和心智模式。

女生，在心态和专业能力上，要么比较依赖他人，要么经常上下起伏。

女侠，在心态和专业能力上，比较独立和稳定，但往往被他人的需要、组织的期许所束缚，没有活出自己想要的样子。

而女神呢，她们不仅拥有高品质的专业能力，还能聆听和跟随自己的心声，同时兼顾他人和组织的期待，善于构建自己的"支持系统"，活出真实而鲜活的自己。

如果用色彩来比喻女性的这三重境界：女生比较"纯"，色彩鲜嫩、纯净，她们有梦想、有好奇心，但容易理想化，有点脆；女侠比较"烈"，犹如高纯度、高亮度的色彩，她们有激情、有担当，但太过刚烈，常常苦了自己，有时也虐了别人；而女神呢，犹如"莫兰迪色"，在高纯、高亮的色彩里添加了一点黑色或灰色，于是，色调就变得柔和而舒缓了。知性的女神善于体悟人情世故，她们能温婉而自如地应对各种挑战。

不知当下的你是怎样一种色彩、一种色调呢？你希望在生命中添加哪些新的色彩呢？有了觉察、不断添加，我们的生命力就能呈现出最绚丽的色彩。

2 一段情缘，三种人生

有一位民国时期的才子，他的诗句含情脉脉，"我将在茫茫人海中，寻找我唯一之灵魂伴侣。得之，我幸，不得，我命。如此而已。""只求在我最美的年华里，遇到你。""轻轻的我走了，正如我轻轻的来；我轻轻地招手，作别西天的云彩。"对，你猜着了，这就是诗人徐志摩。记得十余年前，我去天津的梁启超故居参观，看到一封梁公当年写给弟子徐志摩的证婚词，这可是老人家在婚礼上（徐志摩与陆小曼成婚）当众宣讲的："徐志摩，你这个人性情浮躁，以至于学无所成，做学问不成，做人更是失败，你离婚再娶就是用情不专的证明！"

在徐志摩的生命中，有三位重要的女性。对他帮助最大的，但也被他伤害最深的是他的第一任妻子张幼仪。结婚4个月，徐志摩就抛弃了已经怀孕的妻子，去追求他的梦中情人了。张幼仪苦苦等待了许久，并未等来丈夫回心转意，而是一再的打击，她终于心灰

第五章

"女生""女侠"和"女神",你在哪一境界

意冷:"我同意离婚,你去找个更好的太太吧。"痛彻心扉之后,张幼仪放下了情感依靠,选择了精神独立、经济独立。她在德国带着孩子艰苦求学,几年后回国,在东吴大学教授德语。随后,她担任上海女子商业储蓄银行副总裁,让这家银行扭亏为盈。再后来,她又创办了"云裳服装公司"。张幼仪曾经感慨道:"我要感谢徐志摩跟我离婚,离婚之后,我成长了,我解脱了,我变成了另外一个人。"

伤害徐志摩最深,也让他最纠结的是第二任妻子陆小曼。陆小曼抛弃了深爱自己的丈夫王庚,再嫁徐志摩,又染上了毒瘾,终日花天酒地、挥金如土。逼得徐志摩不得不在三所大学兼职,奔波于北平、上海等地,在一次航空事故中不幸遇难,年仅34岁。而陆小曼无力操持丈夫的后事,反而是前妻张幼仪看在往日夫妻的情分上,一手操办了葬礼。陆小曼身无一技之长,又吸食鸦片,凄苦地度过了余生。这位曾经的"京城三才女"(林徽因、冰心、陆小曼)之一,在下葬时只穿了一件破烂的棉衣。

被徐志摩终生牵挂且始终求而不得的是林徽因。面对徐志摩的浪漫表白和苦苦追求,林徽因虽然偶尔心动过,但最终还是做了冷静的决断:"遗忘就是我们给彼此最好的纪念。"林徽因放弃了浪漫而缺乏责任感的徐志摩,选择了温润、有责任心的梁思成。然而,女神的追求者众多,其中最著名的一位就是哲学家金岳霖。在结婚三年后,林徽因痛苦地告诉丈夫,"我爱上了两个男人。"梁思成反复思量之后选择了退让,他善解人意地告诉妻子:"老金既会写诗,又很浪漫,我只是一个做科学的人,我觉得你们两个人可

能更合适。"面对又一次的两难选择，林徽因还是选择了梁思成。而金岳霖呢，把自己的家搬到梁家隔壁，是梁家姐弟俩口中的"金爸爸"。

纵观上面的三位女性，尽管她们曾经与同一个男人相遇且有过一段情缘，但她们的应对方式却迥然不同。

陆小曼犹如一个富养的任性"女生"。她不仅自己放荡不羁，还将一个浪漫不拘的丈夫变成了落魄人士，将自己的一生活成了一个悲剧。原本，她拥有丰厚的社会资本和人力资本，但却在任性中一点点挥霍尽了。

张幼仪很有"女侠"底蕴。她在大悲大痛之后觉醒，不仅逆转了人生，还扩大了格局，即便对伤害过自己的丈夫也选择了原谅。张幼仪在人生困境中，激发了潜在的心理资本和人力资本，继而拥有了雄厚的金融资本和社会资本。她的人生是三幕活生生的话剧——大家闺秀、无助弃妇、豁达女神。

林徽因一直是"女神"范儿。她拥有秀丽的容颜、窈窕的身姿，更有超人的才智，对亲人和朋友既温润又坚定。她的生命犹如歌剧《我的太阳》那般绚烂多姿。在林徽因病逝多年后，有一次金岳霖在北京饭店请客。客人到齐后，有人问金岳霖为什么请客，他缓缓地说："今天是徽因的生日。"至于如何评价林徽因，金岳霖只回答了五个字："极赞欲何辞。"

3 爱自己，放得下

从"女生"成长为"女侠""女神"，既要懂自己、爱自己，也要兼顾他人和情境，有时担起责任，有时毅然放下。在这个成长过程中，不是那么轻轻松松的，而经常是反反复复、弯弯绕绕的。好在，成长的方向是明朗的——拥有更高的自我价值感、更多的选择，以及更强大的心力。

对自己。"女生"少一些自我认知，大抵会顺着自己的天性一路奔下去，喜忧参半。"女侠"多了些自我认知，会在磨难和困窘中自我突破。"女神"总是掌握着自己的命运，清楚地知道自己的优势是什么，不足在哪里，自己想要怎样的生活。"女神"的心理资本很丰厚：自信、乐观而充满韧性。

对感情。"女生"过于感性，总想着天长地久的爱情。我在30 岁之前就是深度的琼瑶迷，尽管我一直自诩"左手琼瑶、右手古龙"，柔情与豪迈并立；但不可否认，纯情、浪漫的爱一直是我的潜意识能量，不论是在谈恋爱阶段，还是步入婚姻后的 20 多年里。"女侠"不仅头脑冷静，而且视野宏大。但她们容易陷在亲密关系的诸多"我应该"里，被自己或他人的诸多期待束缚，而渐渐远离了鲜活的自己。"女神"经历过爱恨情仇后,眼神依旧清亮,心思更加明晰,知道什么时候该靠近一个人,什么时候果断转身。在每一段感情里,"女神"都全心全意地沉醉其中,自己付出,也享受获得。

对事业。"女生"凭借自己的天赋,一开始会比较顺利,但容易"吃老本"或"恃宠而骄",在事业上难以持续精进。"女侠"不仅有天赋,也有毅力,在自己争气的过程中又时常遇见贵人,一路升级、风光旖旎。在经历每一次事业受挫与人情冷暖时,"女侠"也会反躬自省,并抓住突破心智局限的好时机。有些"女侠"就此越上了人生的新台阶。

"女神"既灿烂过,也黯淡过,但她们在岁月的光影浮动间始终描绘着自己的底色:既欣赏自己的努力,接纳自己的有限,也不断尝试新的可能。

想想我身边的女性朋友,似乎都在这三种状态中成长着,包括我自己,时不时地会在酷酷的"女侠"状态里添加一些沉静和宽厚。

有一天,我的一个学生 Tina 打电话给我,说她两年多的创业项目"卡住了",公司收入断崖式下降,她很犹豫,是再坚持几个月,还是果断关闭业务、转换赛道。她也有些迷茫,怀疑自己做的一些创新项目是否在"瞎折腾"。听 Tina 讲了半个多小时,我从她的困惑里依然听出了她对事业的激情和执着。于是,我反馈了三点:"一是,做减法,你需要聚焦在关键业务和核心客户上;二是,

第五章
"女生""女侠"和"女神",你在哪一境界

稳住心神,你的专业力和创造力依然很棒。不折腾,哪来的创新呢?至于是不是在'瞎折腾',你要随时关注客户的需求和反馈;三是,降低期待。2022年能活下来就很好了。业务少了,你就好好健身、认真读书。"Tina的心性很像年轻时的我,顺境时勇往直前,逆境时瞬间自我怀疑、自我否定。"Cindy,你太脆了,需要韧一些。"这是当年我的导师对我说的一句话。职场女性在早年大多会处于"女生"状态——在舒适圈里待久了,容易被捧杀或扼杀,摇摆在"我很厉害"或"我一无是处"这两个极端之间。

有一个周末,中科创达的联合创始人安华和我一起讲课,主题是"探寻真北"。我们带着三十几名管理者在北京、南京现场和多地"云平台"一起共创"如何让'组织价值观'落地生根"。平时,安华快人快语,做事干脆利落,是这家国际化科技公司的超级"女侠"。但那天授课时,安华盘着发、穿着一袭优雅的短裙,还化了淡妆,很是让我惊艳。在中科创达的展示厅里,有不少软件研发专利都是安华当年拿下的,满满的硬科技。而在那一天的价值观探寻中,她娓娓道来"同理心""提升认知"和"商业的本质",让我感受到了她的柔情与深刻。

不论"女生""女侠"还是"女神",都是我们职场生涯、人生旅途中的一道风景。一方面,要欣赏自己在不同阶段的美好——"女生"的"少女感"、"女侠"的"责任感"和"女神"的"自在感",也接纳自己的局限;另一方面,要慢慢修炼、宛然绽放,做"时间的好朋友"。

推荐书目

假如，你读完此书后，对其中的一些内容还有兴趣继续探寻，我推荐你看看下面这些书籍。因为在我写作期间，它们不仅给我带来了灵感，更为我提供了坚实的知识基础。感恩每一本书的作者、译者和出版社！我始终觉得，书籍是滋养心灵、提升智慧的重要途径，尤其是一本语言流畅、装帧精美的纸质书，犹如在静夜中相遇一个个有趣的灵魂，在人生旅途中欣赏一道道曼妙的风景。

一、自我认知

1. 亚蒙. 女性脑 [M]. 黄珏萍, 译. 杭州：浙江人民出版社, 2018.
2. 库伯. 你生命中的大事 [M]. 尧俊芳, 译. 北京：中华工商联合出版社, 2014.
3. 诺斯鲁普. 女性身体的秘密：更年期健康与幸福全书 [M]. 周芳芳, 译. 北京：中信出版社, 2021.
4. 海特. 象与骑象人：幸福的假设 [M]. 李静瑶, 译. 杭州：浙江人民出版社, 2012.
5. 安小庆, 林松果, 李斐然. 她们和她们 [M]. 北京：东方出版社，2022.

二、人生规划

1. 格拉顿，斯科特. 百岁人生：长寿时代的生活和工作 [M]. 吴奕俊，译. 北京：中信出版社，2018.

2. 乔根森. 纳瓦尔宝典：财富与幸福指南 [M]. 赵灿，译. 北京：中信出版社，2022.

3. 曹宇红，林群，孙合龙. 开启职场"第二曲线" [M]. 北京：电子工业出版社，2020.

4. 曹宇红，唐日新. 创业经理人 [M]. 北京：电子工业出版社，2019.

5. 大前研一. 专业主义 [M]. 裴利杰，译. 北京：中信出版社，2022.

6. 卡多赫. 她世界：一部独特的女性心灵成长图鉴 [M]. 刘慧芳，译. 北京：人民邮电出版社，2021.

三、领导力

1. 海格森，古德史密斯. 身为职场女性：女性事业进阶与领导力提升 [M]. 陈小咖，译. 北京：机械工业出版社，2020.

2. 柯维. 信任的速度：一个可以改变一切的力量 [M]. 王新鸿，译. 北京：中国青年出版社，2011.

3. 曹宇红，张镝. 成为教练式领导者 [M]. 北京：北京大学出版社，2012.

4. 曹宇红. 领导者的冰山 [M]. 北京：国家开放大学出版社，2022.

最后，为你推荐一个我录制的女性职场谈话类节目，帮你打造个人成长与职场进阶之路，目前已有32万人收听过，你有空时去听听吧。

（下载中央广播电视总台"云听"App，搜索《二姐不二·职场丽人修炼手册》共42集）

致谢

当我翻看书稿时，眼前浮现出一张张鲜活的面容，心中满是感恩、感动与富足。"师友夹持，虽懦夫亦有立志"，在老师、朋友们的鼓励和支持下，在风云变幻的 2022 年，这本书居然"不期而成"。假如，这本书是一串小小的珍珠项链，那么，其中最闪亮的应该是这三颗珍珠了。

第一颗珍珠很热烈。2020 年 12 月，我参加了"卡特彼勒女性领导力论坛"。这家拥有 98 年历史的"钢铁侠"（工程机械）企业大大触动了我。目前，其员工的男女比例是 3∶1，而 20 年前男女比例是 9∶1。如今，公司里的女性管理者占到 20%，独当一面的女性后起之秀更是层出不穷。多年来，卡特彼勒每年都会举办全球"女性领导力论坛"。2020 年新冠疫情期间，中国区这一届论坛的主题是"Power of Growth"（成长的力量），众多男性、女性管理者热烈而坦诚地交流着，现场 200 多人，每人一本《身为职场女性：女性事业进阶与领导力提升》。在"钢铁侠"的场域中绽放着"铿锵玫瑰"的勇气和温柔。

第二颗珍珠很绚丽。2022 年 3 月，在"智乐读书会"上，我很有感触地分享了那本《身为职场女性：女性事业进阶与领导力提升》。现场有 20 多位书友，在热烈的分享和探讨中，我发现居然有 2/3 的女性都是创业者，涉及各行各业。在读书会结束时大家意犹未尽，突然有人冒出来一句："这本书还是偏重于大企业和西方文化，为什么不写一本中国女性自己的书呢？""对呀，应该写一本。""要不，曹老师，您来写吧！"好，兴奋的火花立刻点燃了我。于是，读书会之后的两周里，我陆续采访了 25 位女性创业者。

第三颗珍珠很温暖。2022 年，起伏不断的疫情让一向乐观的我也"丧"了起来。没心思看书、做事，更别提艰苦的写作了。终于有一天晚上，沮丧之情逼着我不得不诉苦、求援了，我发信息给一位朋友小旭："亲，我最近身体不好、心情沮丧，干什么都没精神。"刷地一下，小旭神速回复："几年前，我也经历了一次阵痛……选择接纳、爱惜自己。""感觉的不爽是暂时的，情绪的化解需要一个过程。咱们有心理学知识，要在自己身上应用起来。您高挑的个子，那么好听的声音，永远是我心中女神级的存在。"一时间，我的心暖了，也放松了。那一晚，我睡得特别安然。心舒展开了，写作如有神助。11 月 14 日，这本书居然神奇地完成了！承认脆弱、开口求援，是我在 2022 年的一大成长。

在我写作中能量卡住的时候，特别感谢 Helen 姐、杨林姐、刘艳姐、程原姐、贵哥、中泰兄、思旭、群群、灵芝、张彬、欣妹、蓝琳、畅畅的支持，还有我的邻居年近九旬、生机勃勃的段老师，本书的策划编辑怡丹，以及在"二姐不二"女性节目中相遇的三位小伙伴——飒爽的芸嘉、豪迈的乔乔和温润如玉的"女性守护官"李峥。她们不仅以自己的人生智慧启迪了我，更以一颗温暖的心滋养了我。

在本书写作的过程中，我特别要感谢魏敏老师、书平姐、志英老师、甘斌老师、孔洁老师、建宁老师、善慈吴老师、崔老师、佛影老师、小美姐、文俊姐、何芳姐、安华姐、马迎姐、冯坚姐、杨苓姐、张文、小凤、Vivian 燕子、Mindy 晓敏、Jill、蕴仪、凯云、鉴桥、胡晨、李琼、玮敏、晓芸、王蕊、江艳、姚丽、清清，她们的职场经历与人生思考，还有面对困境时的从容、坚韧，甚至于那些真实流露的脆弱和迷茫，都是启发我的点点星光。

我还想特别感谢一批年轻的女性创业者：万格格、曲静、转欢、静秋、何静、佳雯、嘉敏、宇婷、小宁、青峰、袁碧、佳美、林红、炎岩。她们的睿智和坚韧让我看到生命中更广阔的风景。

正是相遇了这么多老师和朋友，我的生命才能一点点绽放。我希望将这种成长的能量，通过《我自盛开：从职场进阶到人生蓬勃》这本书滋养、激励更多的朋友坚定前行，成为更好的自己。

读完此书后，如果你有任何感悟和反馈，或者你愿意分享自己成长中的故事或困惑，欢迎与我联系交流。生命不息，成长不止。

曹宇红

2023 年 1 月 9 日